なるほど！

おもしろ漢字《かんじ》ルーツ図鑑《ずかん》

漢字学者・元明治大学教授

進藤 英幸【監修】

高井 ジロル【著】

長澤 真緒理【イラスト】

合同出版

はじめに

▲ 楔形文字《くさびがたもじ》

世界《せかい》にはアルファベットをはじめ、アラビア文字《もじ》やハングルなど一〇〇種類《しゅるい》以上《いじょう》の文字《もじ》があります。その中《なか》で最古《さいこ》の文字《もじ》とされるのは、今《いま》からおよそ五〇〇〇年前《ねんまえ》に作《つく》られた楔形文字《くさびがたもじ》（メソポタミア文明《ぶんめい》）とヒエログリフ（古代《こだい》エジプト文明《ぶんめい》）です。古代《こだい》インドで生《う》まれた印章文字《いんしょうもじ》（インダス文明《ぶんめい》）も四五〇〇年前《ねんまえ》に作《つく》られた、とても古《ふる》い文字《もじ》です。どの文字《もじ》も、もともとはモノの形《かたち》を表《あらわ》した単純《たんじゅん》な絵文字《えもじ》（象形文字《しょうけいもじ》）でした。

私《わたし》たちが使《つか》っている漢字《かんじ》も、三〇〇〇年以上《ねんいじょう》という長《なが》い歴史《れきし》のある文字《もじ》です。もともとは漢字《かんじ》も絵文字《えもじ》でした。しかしほかの古《ふる》い文字《もじ》との大《おお》きなちがいは、漢字《かんじ》は今《いま》も使《つか》われている、ということです。つまり「現役《げんえき》」としては、漢字《かんじ》は世界最古《せかいさいこ》の文字《もじ》なのです。

漢字《かんじ》の中《なか》でももっとも古《ふる》い形《かたち》は、占《うらな》いの際《さい》に使《つか》った甲骨文字《こうこつもじ》です。亀《かめ》の甲《こう》らや動物《どうぶつ》の骨《ほね》に占《うらな》いの結果《けっか》をきざみ、記録《きろく》しました。

その後《ご》、金文《きんぶん》（青銅器《せいどうき》に鋳《い》こまれた文字《もじ》）、さらには篆文《てんぶん》（竹《たけ》の筆《ふで》で書《か》いた文字《もじ》）という漢字《かんじ》の形《かたち》が生《う》まれ、隷書《れいしょ》（身分《みぶん》の低《ひく》い書記官《しょきかん》の書《か》く文字《もじ》）をへて、今《いま》私《わたし》たちが使《つか》っている楷書《かいしょ》・行書《ぎょうしょ》・草書《そうしょ》へと変《か》わっていきました。

▲印章文字《いんしょうもじ》

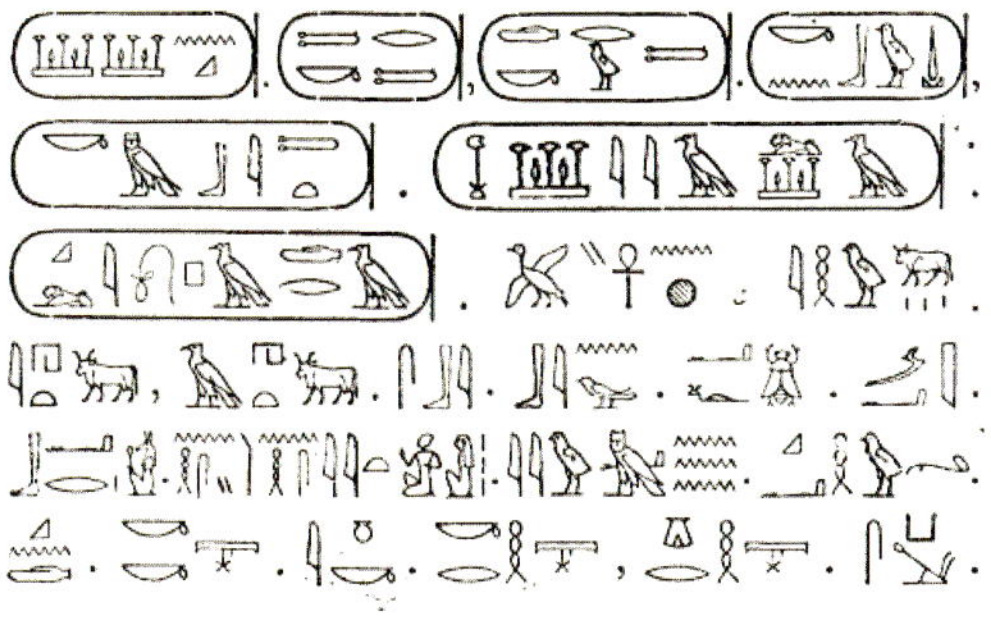

▲ヒエログリフ

また、漢字《かんじ》は三〇〇〇年《ねん》という膨大《ぼうだい》な年月《ねんげつ》を通《とお》して、形《かたち》だけでなく、意味《いみ》も変化《へんか》しながら使《つか》われてきました。みなさんがよく知《し》っている漢字《かんじ》の中《なか》には、今《いま》では考《かんが》えられない、びっくりするような意味《いみ》でかつて使《つか》われていた漢字《かんじ》がたくさんあります。

この本《ほん》の第《だい》1章《しょう》では、そんな漢字《かんじ》をしょうかいしました。漢字《かんじ》のなりたちと、もとの意味《いみ》をわかりやすく解説《かいせつ》しています。ふだんは見《み》ることのないヘンテコな漢字《かんじ》を取《と》りあげたのが第《だい》2章《しょう》です。今見《いまみ》ればヘンテコでも、昔《むかし》の人《ひと》たちが当時《とうじ》の生活《せいかつ》の中《なか》で考《かんが》えぬいて作《つく》りあげた漢字《かんじ》です。時代《じだい》とともにさまざまな「へん」や「つくり」が加《くわ》えられたり消《き》えたりする、漢字《かんじ》の不思議《ふしぎ》な世界《せかい》を体験《たいけん》してください。

最近《さいきん》は、日本語《にほんご》の使《つか》いかたがおかしいとか、本《ほん》の内容《ないよう》を正確《せいかく》に読《よ》む力《ちから》がなくなってきた、などといわれることが多《おお》くなりました。どうかこの本《ほん》を手《て》にして、漢字《かんじ》の本当《ほんとう》の意味《いみ》や使《つか》いかたを知《し》り、楽《たの》しみながら多《おお》くの漢字《かんじ》と出会《であ》っていただきたいと願《ねが》っています。

監修者《かんしゅうしゃ》　進藤《しんどう》 英幸《ひでゆき》

もくじ

第《だい》2章《しょう》

ふろく

この本《ほん》の見《み》かた

第《だい》1章《しょう》　知《し》っているようで知《し》らなかった漢字《かんじ》

第《だい》1章《しょう》では、みんなが知《し》っている漢字《かんじ》に秘《ひ》められた意外《いがい》な意味《いみ》やコワい意味《いみ》を学《まな》ぶのじゃ。漢字《かんじ》には3000年《ねん》の歴史《れきし》があるからのう。シンプルな形《かたち》の奥《おく》にひそんでいる知《し》られざる漢字《かんじ》のヒミツに、きみたちもびっくりするはずじゃ。

ここでしょうかいする漢字《かんじ》について、カンタンに説明《せつめい》しているよ。

意味《いみ》のあらましがここでわかるよ。

人《じん》の動作《どうさ》からできた漢字
衣食住《いしょくじゅう》にかかわる漢字
動物《どうぶつ》や植物《しょくぶつ》が由来《ゆらい》の漢字
自然現象《しぜんげんしょう》が由来《ゆらい》の漢字
もとはワルくない漢字《かんじ》
じつはコワい漢字

もとはワルくない漢字《かんじ》

生まれたときには悪《わる》い意味《いみ》ではなかったのに、今《いま》ではワルいイメージで使《つか》われることがフツウ……。そんなかわいそうな漢字《かんじ》たちの、本来《ほんらい》の姿《すがた》を学《まな》ぶんじゃ。

害

音	ガイ
部首	宀(うかんむり)
画数	10画《かく》

もとの意味《いみ》

かごを頭《あたま》にかぶせる

篆文《てんぶん》　金文《きんぶん》

ゴキブリなどの「害虫」の害《がい》だ。「体《からだ》に害《がい》がある」なんていうこともあるし、なんだかとっても悪《わる》そうだなぁ。

「妨害《ぼうがい》」とか「障害《しょうがい》」とかの熟語もあるし、何《なに》かのじゃまをするって意味《いみ》かしら？

かんこちゃんはするどいのう。「害《がい》」はもともと、竹《たけ》かごを表《あらわ》す「⿱」と、頭《あたま》を表《あらわ》す「古」をあわせた字《じ》で、「かごを頭《あたま》にかぶせる」という意味《いみ》だったんじゃ。それが、頭《あたま》にかごをかぶせておさえつけることから「じゃまをする」という意味《いみ》に変化《へんか》したのじゃ。

ってことは、ゴキブリにかごをかぶせれば……。

まさしく「害虫《がいちゅう》」だ！

罪

音	ザイ
訓	つみ
部首	罒(あみがしら)
画数	13画《かく》

もとの意味《いみ》

魚《さかな》をとらえるための網《あみ》

篆文《てんぶん》　金文《きんぶん》

「犯罪《はんざい》」の罪《ざい》だし、「法律《ほうりつ》を破《やぶ》る」ってことかな。

「法律《ほうりつ》」だけでなく、「道徳《どうとく》」や「宗教《しゅうきょう》」の教《おし》えを破《やぶ》るのも「罪《つみ》」よ。

「罪《ざい》」は、「網《あみ》」を表《あらわ》す「罒《あみがしら》」と、「とらえる」という意味《いみ》の「非《ひ》」とをあわせた字《じ》で、もとは「魚《さかな》をとるための網《あみ》」の意味《み》じゃな。

「悪《わる》いことをしたから網《あみ》でつかまえておく」から変化《へんか》して「罪《つみ》」という意味《いみ》になったのね。

魚《さかな》を網《あみ》でとりすぎるのも、罪《つみ》だよ。

もともとは「辠《ざい》」が「罪《つみ》」を表《あらわ》す漢字《かんじ》じゃったが、古代中国《こだいちゅうごく》の秦《しん》の時代《じだい》、「辠《ざい》」の字《じ》が「皇《こう》」に似《に》ているのをきらった始皇帝《しこうてい》が「罪《ざい》」の字《じ》に変《か》えたと言《い》われておるぞ。

暴

音	ボウ・バク
訓	あば(く)・あば(れる)
部首	日(ひらび)
画数	15画《かく》

もとの意味《いみ》

米《こめ》を日光《にっこう》にさらす

篆文《てんぶん》　金文《きんぶん》

「暴力《ぼうりょく》」や「暴行《ぼうこう》」の熟語《じゅくご》からしてなんだか危《あぶ》ない感《かん》じがするね。

「暴《ぼう》」の篆文《てんぶん》を見《み》ればわかりやすい。上《うえ》は「日光《にっこう》」、下《した》は「米《こめ》」を示《しめ》す。「米《こめ》を日《ひ》にさらす」という意味《いみ》じゃ。

「暴露《ばくろ》」はそこからきてるのね！

暴《あば》れるという意味《いみ》は、「暴《ぼう》」が「手《て》あらく激《はげ》しいさま」を意味《いみ》する「剽《ひょう》」と音《おん》が近《ちか》かったために、後《あと》になってついたのじゃ。

ひなたぼっこの好《す》きな僕《ぼく》はまったく「暴《ぼう》」な人《ひと》じゃないけどね。

はもじおくん、はかんこちゃん、は博士《はかせ》のセリフだよ。

金文《きんぶん》（青銅器《せいどうき》にきざまれた文字《もじ》）と篆文《てんぶん》（ハンコに使《つか》う文字《もじ》）の形《かたち》。今《いま》の漢字《かんじ》の形《かたち》に近《ちか》いよ。

第《だい》2章《しょう》　漢字辞典《かんじじてん》にのっているヘンな漢字《かんじ》

第《だい》2章《しょう》では、ヘンテコな形《かたち》をした漢字《かんじ》を学《まな》ぶ。10万字《まんじ》以上《いじょう》あるといわれる漢字《かんじ》の中《なか》には、きみょうな形《かたち》の漢字《かんじ》がたくさんある。ぜひいろんな漢字《かんじ》があることを知《し》ってほしいのじゃ。

「音《おん》」は読《よ》みかた、「部首《ぶしゅ》」はへんやつくりを、「画数《かくすう》」は総画数《そうかくすう》を示《しめ》しているよ。

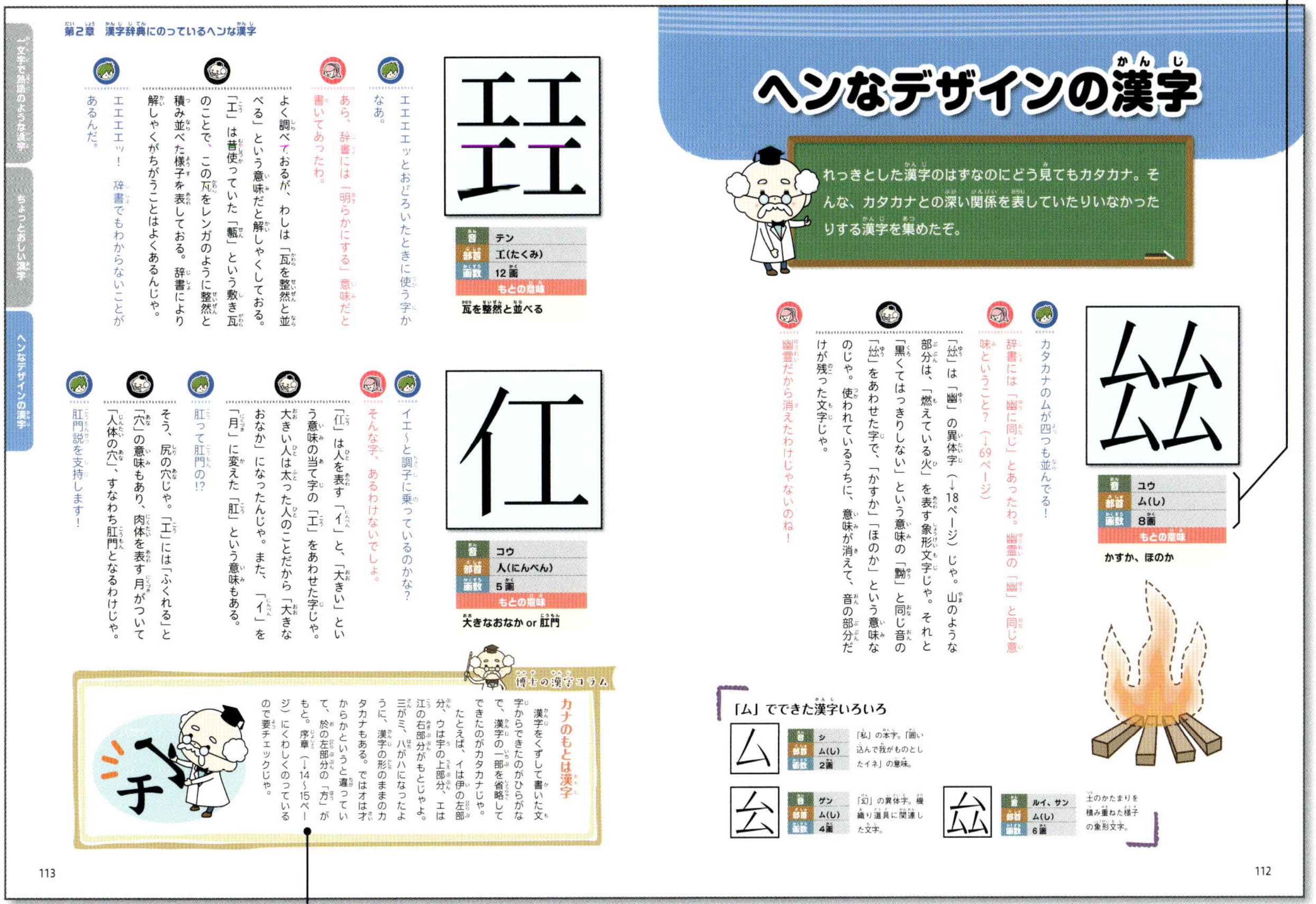
第2章　漢字辞典にのっているヘンな漢字

文字で熟語のような漢字　ちょっとおもしい漢字　ヘンなデザインの漢字

ヘンなデザインの漢字《かんじ》

れっきとした漢字のはずなのにどう見てもカタカナ。そんな、カタカナとの深い関係を表していたりいなかったりする漢字を集めたぞ。

厸厸（ムが四つ）

音	ユウ
部首	ム(し)
画数	8画

もとの意味：かすか、ほのか

カタカナのムが四つも並んでる！

辞書には「幽に同じ」とあったわ。幽霊の「幽」と同じ意味ということ？（↓69ページ）

「厸厸」は「幽」の異体字（↓18ページ）じゃ。山のような部分は、「燃えている火」を表す象形文字じゃ。それと「黒くてはっきりしない」という意味の「黝」と同じ音の「厸厸」をあわせた字で、「かすか」「ほのか」という意味なのじゃ。使われているうちに、意味が消えて、音の部分だけが残った文字じゃ。

幽霊だから消えたわけじゃないのね！

「ム」でできた漢字いろいろ

漢字	音	部首	画数	説明
ム	シ	ム(し)	2画	「私」の本字。「囲い込んで我がものとしたイネ」の意味。
厸	ゲン	ム(し)	4画	「幻」の異体字。機織り道具に関連した文字。
厽	ルイ、サン	ム(し)	6画	土のかたまりを積み重ねた様子の象形文字。

𡗗（エエエエ）

音	テン
部首	工(たくみ)
画数	12画

もとの意味：瓦を整然と並べる

エエエエッとおどろいたときに使う字かなあ。

あら、辞書には「明らかにする」意味だと書いてあったわ。

よく調べておるが、わしは「瓦を整然と並べる」という意味だと解しゃくしておる。「工」は昔使っていた「甎」という敷き瓦のことで、この瓦をレンガのように整然と積み並べた様子を表しておる。辞書により解しゃくがちがうことはよくあるんじゃ。

エエエエッ！　辞書でもわからないことがあるんだ。

仜

音	コウ
部首	人(にんべん)
画数	5画

もとの意味：大きなおなか or 肛門

イエ〜と調子に乗っているのかな？

そんな字、あるわけないでしょ。

「仜」は人を表す「亻」と、「大きい」という意味の当て字の「工」をあわせた字じゃ。大きい人は太った人のことだから「大きなおなか」になったんじゃ。また、「亻」を「月」に変えた「肛」という意味もある。

肛って肛門の!?

そう、尻の穴じゃ。「工」には「ふくれる」と「穴」の意味もあり、肉体を表す月がついて「人体の穴」、すなわち肛門となるわけじゃ。

肛門説を支持します！

博士の漢字コラム

カナのもとは漢字

漢字をくずして書いた文字からできたのがひらがなで、漢字の一部を省略してできたのがカタカナじゃ。

たとえば、イは伊の左部分、ウは宇の上部分、エは江の右部分がもとじゃよ。三がミ、八がハになったように、漢字の形のままのカタカナもある。ではオは才からかというと違っていて、於の左部分の「方」がもと。序章（↓14〜15ページ）にくわしくのっているので要チェックじゃ。

113　112

漢字《かんじ》の豆知識《まめちしき》を教《おし》えてくれるコラムだ。おもしろくてためになるから、これを読《よ》んできみも漢字博士《かんじはかせ》になろう！

この本《ほん》に登場《とうじょう》するキャラクター

もじおくん

勉強《べんきょう》が苦手《にがて》な小学《しょうがく》4年生《ねんせい》。漢字《かんじ》の書《か》き取《と》りはクラスでビリ。ものしりのかんこちゃんにちょっぴりあこがれている。食《た》べることが大好《だいす》きだけど、好《す》ききらいも多《おお》い。ごくたまに、するどいことをいう。

かんこちゃん

勉強《べんきょう》が大好《だいす》きで、漢字《かんじ》テストはいつも満点《まんてん》。もじおくんとは同《おな》じクラスで学級委員長《がっきゅういいんちょう》もつとめる優等生《ゆうとうせい》。ちょっと毒舌《どくぜつ》なのが玉《たま》にキズ。もじおくんにはきびしいけど、見捨《みす》てないやさしさもある。

漢字《かんじ》を覚《おぼ》えることは、日本語《にほんご》を理解《りかい》する上《うえ》で欠《か》かせないことじゃ。一《ひと》つ一《ひと》つの漢字《かんじ》には、生《お》い立《た》ちがある。ただ覚《おぼ》えるだけでなく、ルーツを知《し》ってから音読《おんどく》と書《か》き取《と》り練習《れんしゅう》をくり返《かえ》してほしい。そうすれば、文章《ぶんしょう》を読《よ》む力《ちから》も身《み》につけることができるんじゃ。国語《こくご》だけでなく算数《さんすう》や社会《しゃかい》や、英語《えいご》にも必要《ひつよう》じゃぞ。

博士《はかせ》

もじおくんとかんこちゃんに漢字《かんじ》を教《おし》えてくれる、漢《かん》字《じ》をこよなく愛《あい》する漢字博《かんじはか》士《せ》。漢字《かんじ》の由来《ゆらい》にとてもくわしい。お酒《さけ》は苦手《にがて》で、甘《あま》いおかしが大好《だいす》きな甘党《あまとう》。

序《じょ》章《しょう》

漢《かん》字《じ》って
なんだろう？

プロローグ

さあ、漢字《かんじ》を学《まな》ぼう！

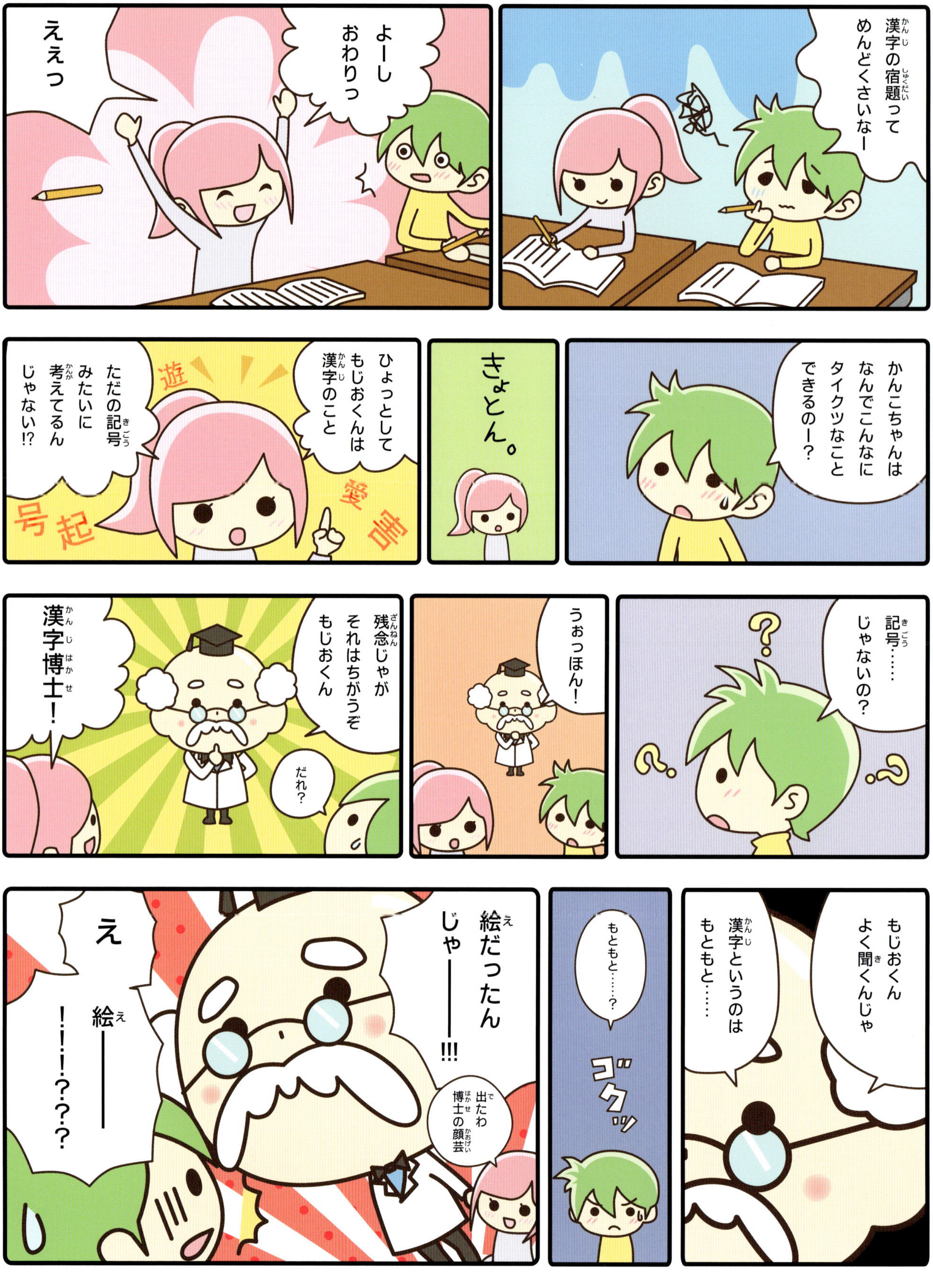

漢字《かんじ》はいつ、どうやってできたの？

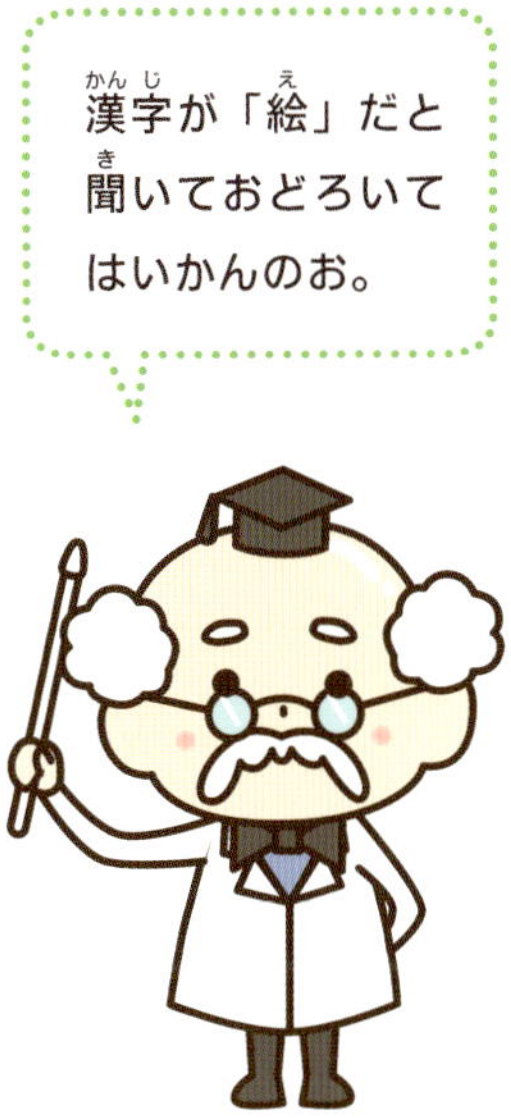

漢字《かんじ》は世界一古《せかいいちふる》い表意文字《ひょういもじ》

漢字《かんじ》が生《う》まれたのは大昔《おおむかし》の中国《ちゅうごく》じゃ。つまり、漢字《かんじ》というのはＡＢＣのアルファベットと同《おな》じく、外国《がいこく》の文字《もじ》ということじゃ。

漢字《かんじ》ができた年代《ねんだい》はじつは正確《せいかく》にはわかっておらんが、今《いま》からおよそ三三〇〇～三四〇〇年《ねん》ほど前《まえ》には使《つか》われていたと伝《つた》わっておる。日本《にほん》はそのころ、弥生時代《やよいじだい》じゃな。

漢字《かんじ》が表意文字《ひょういもじ》として成立《せいりつ》したのは、ほかのどの文字《もじ》よりも年代《ねんだい》が古《ふる》い。「表意文字《ひょういもじ》」とは、その形《かたち》を見《み》れば意味《いみ》がわかる文字《もじ》のことじゃ。そして、ほぼ生《う》まれた当時《とうじ》のままで現在《げんざい》も使《つか》われている文字《もじ》の中《なか》では、漢字《かんじ》は世界《せかい》で一番歴史《いちばんれきし》があるといえるのじゃ。

三〇〇〇年以上《ねんいじょう》も前《まえ》に作《つく》られた文字《もじ》が、今《いま》でも使《つか》われているというのは、すごいことではないかな？

漢字《かんじ》はどのように作《つく》られた？

たとえば「目《め》」という漢字《かんじ》を横《よこ》にしてみなさい。人間《にんげん》の目《め》の形《かたち》になんとなく似《に》ておらんかな。

どうじゃ？ このように、漢字《かんじ》はもともと絵《え》で示《しめ》したモノの形《かたち》が変《か》わってできたものなのじゃ。

漢字《かんじ》はだれが作《つく》ったの？

しかし、漢字《かんじ》が生《う》まれたのは大昔《おおむかし》のことじゃからな、だれが作《つく》ったのかははっきりとはわからぬのじゃ。ただ、これだけはいえるのは、ひとりの人《ひと》があるとき突然《とつぜん》「漢字《かんじ》を作《つく》るぞ」と決《き》めて作《つく》ったわけではない。長《なが》い時間《じかん》をかけて一《ひと》つ一《ひと》つの漢字《かんじ》が形作《かたちづく》られ、それが広《ひろ》まってみんなが使《つか》うようになったものだと考《かんが》えられておる。これはどの国《くに》の文字《もじ》や言葉《ことば》も同《おな》じで、漢字《かんじ》に限《かぎ》ったことではないがな。

漢字《かんじ》の歴史《れきし》をたどってみよう

漢字《かんじ》はどう発展《はってん》していったの？

ひと口《くち》に「漢字《かんじ》」といっても、じつはその歴史《れきし》の中《なか》でさまざまに姿《すがた》を変《か》えてきたのじゃ。

古《ふる》くから文明《ぶんめい》が発達《はったつ》していた中国《ちゅうごく》では、多《おお》くの人《ひと》や物《もの》の交流《こうりゅう》がおこなわれていたが、そのためには互《たが》いにコミュニケーションをとることが重要《じゅうよう》じゃった。そのコミュニケーションの手段《しゅだん》として生《う》まれたのが漢字《かんじ》じゃ。

甲骨文《こうこつぶん》から金文《きんぶん》へ

世界最古《せかいさいこ》の漢字《かんじ》は、古代中国《こだいちゅうごく》で栄《さか》えた殷王朝《いんおうちょう》の時代《じだい》（紀元前《きげんぜん》一七～一一世紀《せいき》）にまでさかのぼる。カメの甲《こう》らなどの固《かた》いものに彫《ほ》られた「甲骨文《こうこつぶん》」と呼《よ》ばれるものじゃ。

カメの甲《こう》らやウシやシカなどの骨《ほね》にきざまれた文字《もじ》、という意味《いみ》ね。

殷王朝《いんおうちょう》から周王朝《しゅうおうちょう》（前《ぜん》一一世紀《せいき》におこった王朝《おうちょう》）の時《じ》代《だい》には、青銅器《せいどうき》という金属《きんぞく》の器《うつわ》にも漢字《かんじ》が記《しる》されるようになった。それらは「金文《きんぶん》」と呼《よ》ばれる。「金属《きんぞく》に鋳《い》こまれた文字《もじ》」ということじゃな。

篆文《てんぶん》の誕生《たんじょう》

その後《ご》、中国大陸《ちゅうごくたいりく》のさまざまな国《くに》どうしが争《あらそ》う「春秋《しゅんじゅう》時代《じだい》」（前《ぜん》八～五世紀《せいき》）・「戦国時代《せんごくじだい》」（前《ぜん》五～三世紀《せいき》）と呼《よ》ばれる時代《じだい》に突入《とつにゅう》した。多《おお》くの武将《ぶしょう》が各地《かくち》で力《ちから》をつけ、国《くに》をほろぼしたりおこしたりする中《なか》で、その地域《ちいき》ごとにさまざまな漢字《かんじ》が生《う》まれたのじゃ。

長《なが》い混乱《こんらん》の末《すえ》、前《ぜん》二二一年《ねん》に中国全土《ちゅうごくぜんど》を統一《とういつ》したのが秦《しん》という大国《たいこく》じゃった。秦《しん》はまず、地域《ちいき》によってバラバラになっていた漢字《かんじ》を一《ひと》つに統一《とういつ》しようとした。

統一後《とういつご》の漢字《かんじ》は「篆文《てんぶん》」といわれる。篆文《てんぶん》の「篆《てん》」という字《じ》をよく見《み》てみるんじゃ。「竹《たけ》かんむり」は竹筆《たけふで》を表《あらわ》し、その下《した》の「彖《たん》」（タン、あるいはテンとも読《よ》む）は「垂《た》れる」という意味《いみ》を表《あらわ》しておる。「竹筆《たけふで》を垂《た》らす」、つまり「字《じ》を上《うえ》から下《した》へまっすぐに書《か》く」ということじゃな。この「篆文《てんぶん》」という字《じ》は「篆書《てんしょ》」とも呼《よ》ばれておる。現《げん》在《ざい》の日本《にほん》ではハンコの書体《しょたい》として知《し》られておるぞ。

甲骨文《こうこつぶん》

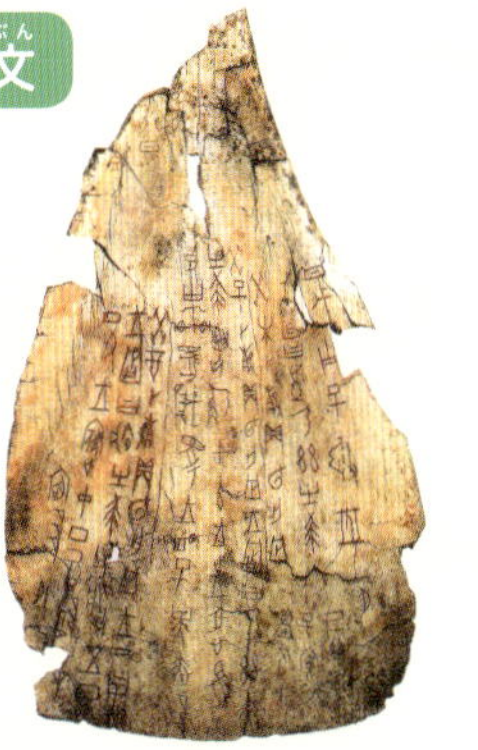

金文《きんぶん》

篆文《てんぶん》

隷書《れいしょ》

楷書《かいしょ》

▲「楷《かい》」とは幹《みき》のまっすぐな木《き》という意味《いみ》。一画《いっかく》をまっすぐ書《か》く。

行書《ぎょうしょ》

▲すばやく書《か》けるように楷書《かいしょ》をくずした字体《じたい》。

草書《そうしょ》

▲行書《ぎょうしょ》よりもさらにすばやく書《か》き写《うつ》せるように続《つづ》け字《じ》を工夫《くふう》した字体《じたい》。

隷書《れいしょ》から草書《そうしょ》へ

しかし篆文《てんぶん》は複雑《ふくざつ》で書《か》き写《うつ》すのに時間《じかん》がかかる。そこで篆文《てんぶん》を書《か》きやすくした「隷書《れいしょ》」という文字《もじ》が生《う》まれた。「隷《れい》」は下級役人《かきゅうやくにん》という意味《いみ》で、ふつうの人《ひと》にも書《か》きやすいように工夫《くふう》した字体《じたい》*なんじゃ。現在《げんざい》のお札《さつ》の「日本銀行券《にほんぎんこうけん》」という文字《もじ》がそうじゃ。

さらに秦《しん》から二五〇年《ねん》ほどたった漢《かん》（後漢《ごかん》）という王朝《おうちょう》時代《じだい》に「楷書《かいしょ》」が生《う》まれた。「楷《かい》」とは幹《みき》のまっすぐな木《き》という意味《いみ》じゃ。これは今《いま》きみたちが使《つか》っている文字《もじ》で、「漢《かん》の時代《じだい》にできた文字《もじ》」だから「漢字《かんじ》」と呼《よ》ばれているのじゃよ。

ただ「楷書《かいしょ》」は一点一画《いってんいっかく》を正《ただ》しくきちんと書《か》くもので、つなげて書《か》くことができない。そこで楷書《かいしょ》をくずした「行書《ぎょうしょ》」が生《う》まれ、さらにすばやく書《か》き写《うつ》せるように工夫《くふう》した「草書《そうしょ》」という字体《じたい》も生《う》み出《だ》されたのじゃ。

この楷書《かいしょ》・行書《ぎょうしょ》・草書《そうしょ》が生《う》まれて、漢字《かんじ》の字体《じたい》はようやく固《かた》まったといえる。

＊「字体《じたい》」とは「文字《もじ》の形《かたち》」のこと。似《に》た言葉《ことば》である「書体《しょたい》」というのは「文字《もじ》の形《かたち》」はそのままで、線《せん》を細《ほそ》くしたり太《ふと》くしたりすることをいう。楷《かい》・行《ぎょう》・草《そう》の三《みっ》つの違《ちが》いは字体《じたい》ではなく書体《しょたい》のちがいとみなすこともある。

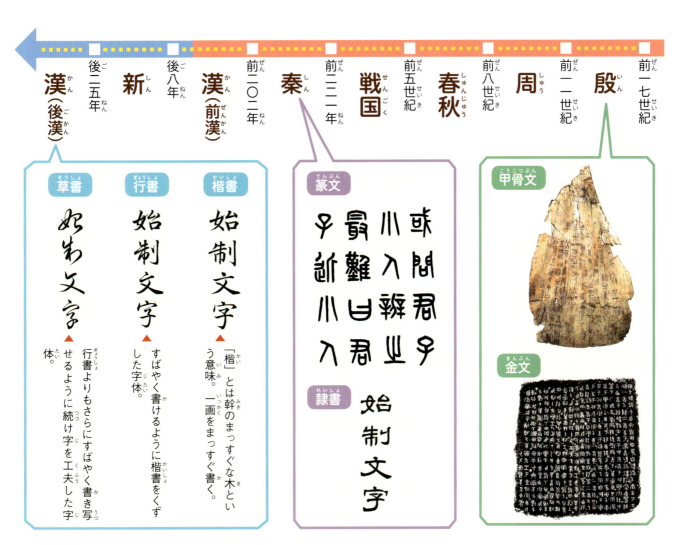

漢字《かんじ》は日本《にほん》にいつ伝《つた》わったの？

～日本《にほん》の漢字《かんじ》の歴史《れきし》～

音読《おんよ》みと訓読《くんよ》み

もともと、日本語《にほんご》は文字《もじ》をもたない言語《げんご》だった。弥生時《やよいじ》代《だい》から古墳時代《こふんじだい》にうつりかわる四世紀《せいき》ごろ、当時《とうじ》の先進国《せんしんこく》だった中国《ちゅうごく》から、朝鮮半島《ちょうせんはんとう》を通《つう》じて漢字《かんじ》が伝《つた》えられた。

じゃあはじめのうちは、日本語《にほんご》には漢字《かんじ》しかなかったの？

そうじゃ。漢字《かんじ》を手《て》に入《い》れた日本人《にほんじん》じゃが、一《ひと》つ困《こま》ったことがあった。それは「どう読《よ》むか」ということじゃ。はじめは中国《ちゅうごく》の読《よ》みかたをまねるしかない。「山《やま》」を「サン」と読《よ》んだり、「川《かわ》」を「セン」と読《よ》んだりしていた。そう、これが「音読《おんよ》み」というものなんじゃ。

ただ、日本人《にほんじん》は「サン」や「セン」といっても意味《いみ》がわからない。日本《にほん》では「山《やま》」を見《み》たら「やま」、「川《かわ》」を見《み》たら「かわ」といってたからな。そこで日本語《にほんご》の読《よ》み方《かた》をあてはめることにした。それが「訓読《くんよ》み」じゃ。

こうしてほとんどの漢字《かんじ》に「音読《おんよ》み」と「訓読《くんよ》み」の二《ふた》つの読《よ》みかたが生《う》まれたというわけじゃ。

ひらがな・カタカナの誕生《たんじょう》

漢字《かんじ》しかない時代《じだい》は、書物《しょもつ》などもすべて漢字《かんじ》で書《か》いていた。今《いま》から一三〇〇年前《ねんまえ》、奈良時代《ならじだい》に作《つく》られた『万葉集《まんようしゅう》』という歌集《かしゅう》もすべて漢字《かんじ》で書《か》かれておる。日本語《にほんご》を漢字《かんじ》の音《おん》で表《あら》わした文字《もじ》を「万葉《まんよう》がな」と呼《よ》ぶ。

のちにこの「万葉《まんよう》がな」はそのままひらがなへと改良《かいりょう》されていったのじゃ。

今《いま》、きみたちが使《つか》っている日本語《にほんご》には漢字《かんじ》のほかにひらがなとカタカナがある。漢字《かんじ》よりもひらがなやカタカナのほうがやさしいから、文字《もじ》のはじまりは「かな」や「カナ」と思《おも》っていたかもしれんが、そうではないことがわかったじゃろ。

ひらがなとカタカナは、漢字《かんじ》があまりにも難《むずか》しいので、漢字《かんじ》の形《かたち》をくずして書《か》きやすい形《かたち》にしたことから生《う》まれた新《あたら》しい文字《もじ》なのじゃ。

ひらがな・カタカナには日本人《にほんじん》の工《く》夫《ふう》がつまっているんだね。

ひらがなもカタカナも、もとは漢字《かんじ》だったのじゃ。

漢字《かんじ》➡カタカナ

於	江	宇	伊	阿
↓	↓	↓	↓	↓
方	工	宀	イ	阝
↓	↓	↓	↓	↓
オ	エ	ウ	イ	ア

漢字《かんじ》➡ひらがな

於	衣	宇	以	安
↓	↓	↓	↓	↓
↓	↓	↓	↓	↓
お	え	う	い	あ

繁体字《はんたいじ》と簡体字《かんたいじ》と新字体《しんじたい》

中国《ちゅうごく》と日本《にほん》のほかに漢字《かんじ》を使《つか》っている国《くに》は、台湾《たいわん》や香港《ほんこん》、シンガポールなどアジアの限《かぎ》られた国《くに》しかない。昔《むかし》は日本《にほん》と中国《ちゅうごく》のあいだにある韓国《かんこく》や北朝鮮《きたちょうせん》でも漢字《かんじ》を使《つか》っていたのじゃが、二〇世紀後半《せいきこうはん》から、ハングルという彼《かれ》らが作《つく》りだした文字《もじ》にほとんど統一《とういつ》された。東南《とうなん》アジアのベトナムもかつて漢字《かんじ》を使《つか》ったチュノム文字《もじ》だったが、今《いま》はラテン文字《もじ》（アルファベット）になっておる。

漢字《かんじ》の字体《じたい》も時代《じだい》にしたがって変《か》わっていった。もともとは「繁体字《はんたいじ》」（日本《にほん》では旧字体《きゅうじたい》とも呼《よ》んでおる）だったが、それではあまりに難《むずか》しいというので、日本《にほん》では「新字体《しんじたい》」が生《う》まれ、中国《ちゅうごく》でも「簡体字《かんたいじ》」という、やさしい漢字《かんじ》が生《う》まれた。現在《げんざい》漢字《かんじ》は三つの字体《じたい》に分類《ぶんるい》されておる。

「広《こう》」を例《れい》にとると……

廣	广	広
繁体字《はんたいじ》	簡体字《かんたいじ》	新字体《しんじたい》
台湾《たいわん》、香港《ほんこん》、マカオ	中国《ちゅうごく》、シンガポール、マレーシア、マカオ	日本《にほん》

漢字《かんじ》の分類《ぶんるい》と構造《こうぞう》を知《し》ろう！

モノの形《かたち》を絵《え》にした象形文字《しょうけいもじ》

漢字《かんじ》は大《おお》きく四つに分類《ぶんるい》される。

まず、動物《どうぶつ》や人《ひと》のからだやモノの形《かたち》を絵《え》にして作《つく》られた「象形文字《しょうけいもじ》」じゃ。最初《さいしょ》に例《れい》をあげた「目《め》」を思《おも》い出《だ》してほしい。目《め》を横《よこ》にした形《かたち》から漢字《かんじ》になっていったじゃろ。「目《め》」のほかには「木《き》」「刀《かたな》」などがあるの。

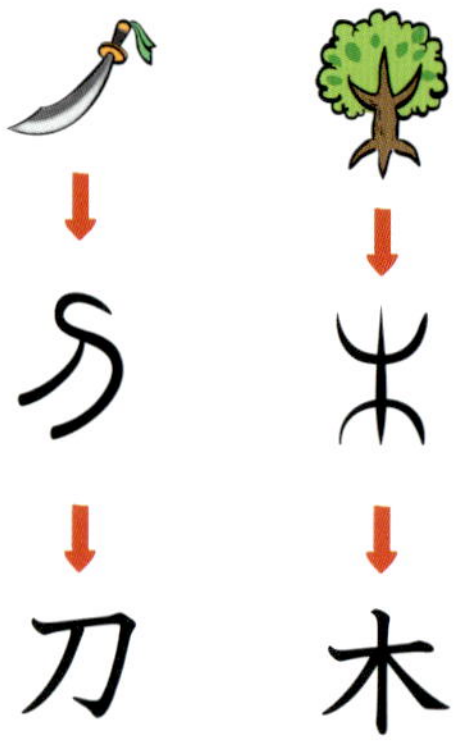

象形文字《しょうけいもじ》

象形文字《しょうけいもじ》に線《せん》や点《てん》を加《くわ》えた指事文字《しじもじ》

つぎに、この象形文字《しょうけいもじ》にしるしなどをつけ足《た》したり、単《たん》純《じゅん》な点《てん》や線《せん》を組《く》みあわせて作《つく》った「指事文字《しじもじ》」がある。たとえば「本《ほん》」や「刃《は》」は、「木《き》」と「刀《かたな》」に線《せん》を付《つ》け加《くわ》えておる。また、単純《たんじゅん》な線《せん》だけを組《く》みあわせた漢字《かんじ》も指事文《しじも》字《じ》に入《はい》る。たとえば「上《うえ》」という文字《もじ》なんかがそうじゃの。

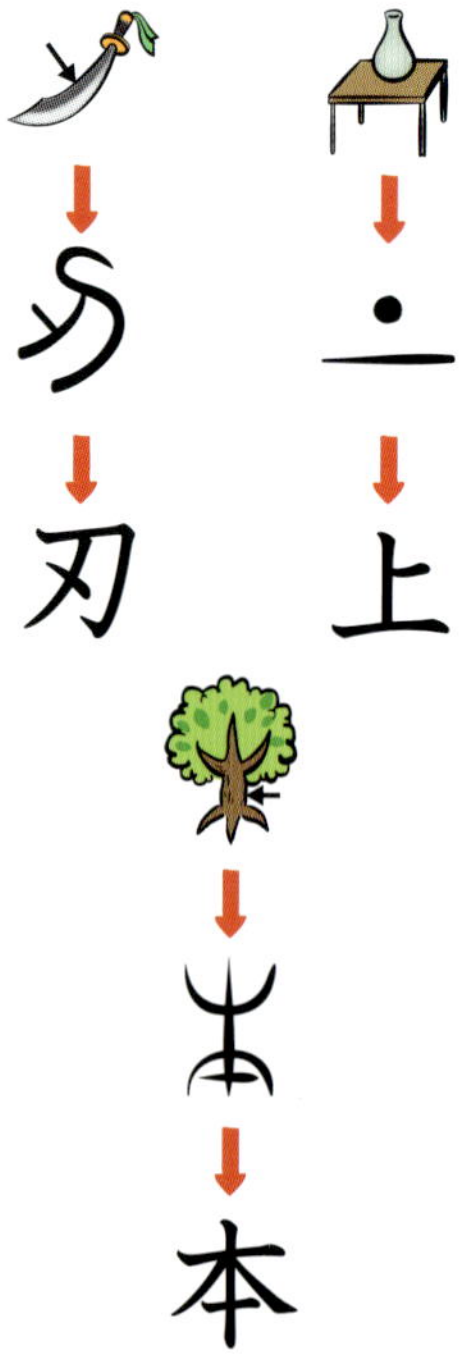

指事文字《しじもじ》

二《ふた》つの漢字《かんじ》を組《く》みあわせた会意文字《かいいもじ》

象形文字《しょうけいもじ》と指事文字《しじもじ》の両方《りょうほう》を組《く》みあわせて作《つく》った「会《かい》意文字《いもじ》」もある。モノの形《かたち》だけでは漢字《かんじ》にしにくいものは、それぞれちがう意味《いみ》をもつ二《ふた》つの漢字《かんじ》を、組《く》みあわせて一《ひと》つの漢字《かんじ》を作《つく》ったのじゃ。二《ふた》つの「意《い》」味《み》を「会《あ》」わせるから「会意文字《かいいもじ》」というんじゃ。

たとえば「鳴《めい》」という漢字《かんじ》は、「鳥《とり》」が「口《くち》」で鳴《な》くことが由来《ゆらい》になっている漢字《かんじ》じゃ。また「位《くらい》」という漢字《かんじ》は、「人《ひと》」が「立《た》」つ場所《ばしょ》を示《しめ》しておる。

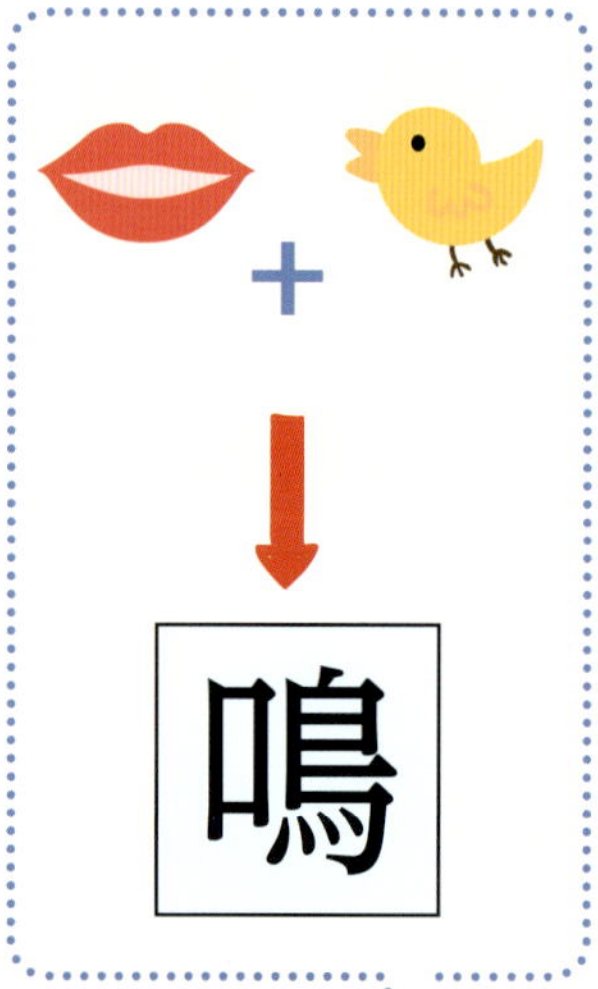

会意文字《かいいもじ》

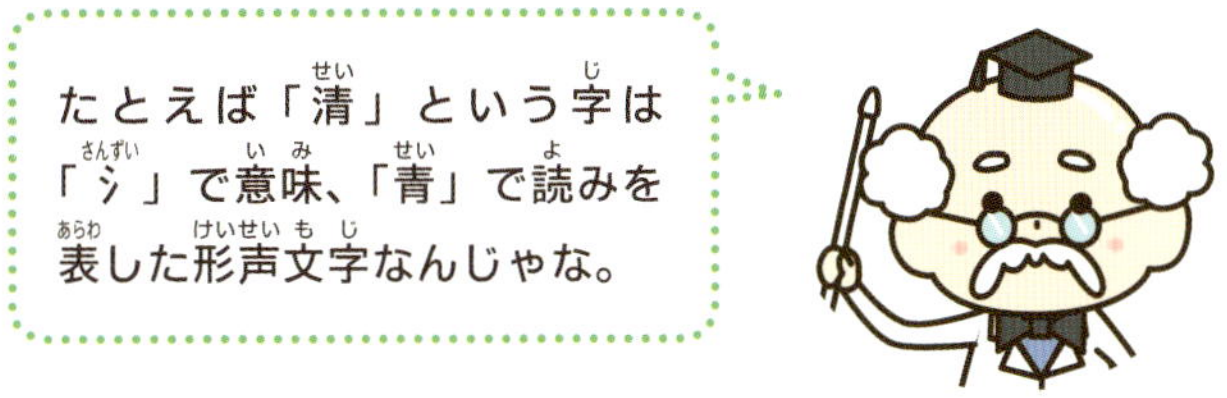

形《かたち》と音《おん》を組《く》みあわせた形声文字《けいせいもじ》

また、形《かたち》で意味《いみ》を表《あらわ》す漢字《かんじ》と、読《よ》みを表《あらわ》す「音《おん》」を組《く》みあわせて作《つく》られた漢字《かんじ》もある。「形《かたち》」と、「音《おん》」＝「声《こえ》」を組《く》みあわせるから「形声文字《けいせいもじ》」と呼《よ》ぶのじゃ。たとえば「材《ざい》」という漢字《かんじ》は「木《き》」が意味《いみ》を表《あらわ》すが、読《よ》みかたは、右側《みぎがわ》の「才《さい》」の「音《おん》」を使《つか》って「ざい」になるわけじゃ。

じつは漢字《かんじ》の八〇パーセント以上《いじょう》を形声文字《けいせいもじ》がしめているといわれておるのじゃ。中《なか》には会意文字《かいいもじ》と形声文字《けいせいもじ》の両方《りょうほう》の特《とく》ちょうをあわせもった字《じ》もあるぞ。

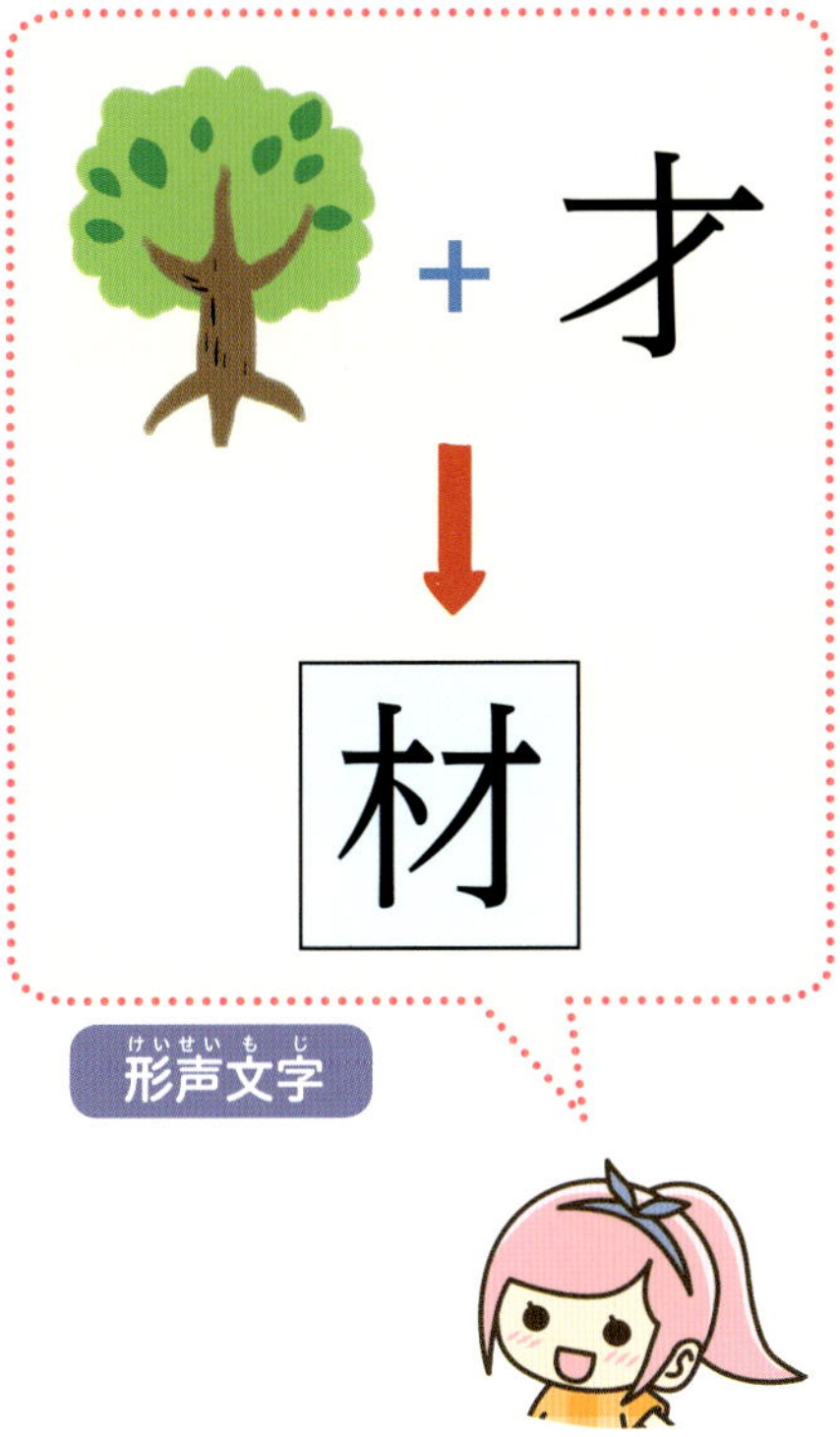

部首《ぶしゅ》って何《なに》？

漢字《かんじ》の構造《こうぞう》についても考《かんが》えてみよう。漢字《かんじ》を形作《かたちづく》る要素《ようそ》のことを「部首《ぶしゅ》」といい、構成《こうせい》される位置《いち》や形《かたち》によって、それぞれ呼《よ》び名《な》がある。

偏《へん》
漢字《かんじ》の左側《ひだりがわ》に位置《いち》する要素《ようそ》。にんべん（亻）、さんずい（氵）、きへん（木）など。

旁《つくり》
右側《みぎがわ》に位置《いち》する要素《ようそ》。りっとう（刂）、おおざと（阝）、おおがい（頁）など。

冠《かんむり》
上側《うえがわ》に位置《いち》する要素《ようそ》。うかんむり（宀）、くさかんむり（艹）、たけかんむり（竹）など。

脚《あし》
下側《したがわ》に位置《いち》する要素《ようそ》。ひとあし（儿）、れんが（灬）、したごころ（小）など。

垂《たれ》
上《うえ》・左側《ひだりがわ》をしめる要素《ようそ》。がんだれ（厂）、まだれ（广）、やまいだれ（疒）など。

繞《にょう》
下《した》・左側《ひだりがわ》をしめる要素《ようそ》。しんにょう（辶）、えんにょう（廴）、そうにょう（走）など。

構《かまえ》
外側《そとがわ》を囲《かこ》っている要素《ようそ》。もんがまえ（門）、ぎょうがまえ（行）、くにがまえ（口）など。

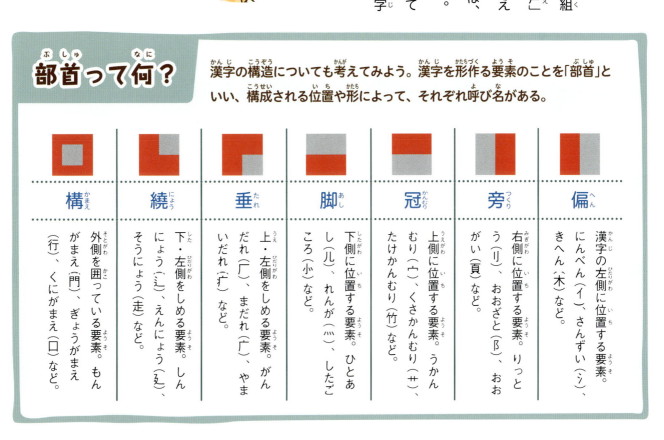

漢字《かんじ》の数《かず》はどれくらい？

漢字《かんじ》は一〇万字《じ》もある？

今《いま》や日本語《にほんご》にかかせない漢字《かんじ》。ではその漢字《かんじ》が全部《ぜんぶ》でどのくらいあるか、きみたちは知《し》っておるかな。

研究《けんきゅう》によると、なんと一〇万字《まんじ》を超《こ》えるといわれておる。その中《なか》には、わしらがふだん使《つか》っている漢字《かんじ》のほかに、現在《げんざい》の漢字《かんじ》のもとになった本字《ほんじ》、字体《じたい》の異《こと》なる異体字《いたいじ》、正式《せいしき》な漢字《かんじ》には認《みと》められていないが、ふだんの生活《せいかつ》に使《つか》われている俗字《ぞくじ》などがふくまれておる。日本《にほん》でいちばん大《おお》きな『大漢和辞典《だいかんわじてん》』（全《ぜん》一五巻《かん》）にのっているのはその半分《はんぶん》の五万字《まんじ》じゃ。

ちなみに、小学生《しょうがくせい》のきみたちが学《まな》ばなければならない漢字《かんじ》は一〇〇六字《じ》じゃ＊1。これを「教育漢字《きょういくかんじ》」という。学年《がくねん》ごとに学《まな》ぶ漢字《かんじ》を分《わ》けた「学年別漢字配当表《がくねんべつかんじはいとうひょう》」というものがある。それによると一年生《ねんせい》は八〇字《じ》、二年生《ねんせい》は一六〇字《じ》、三・四年生《ねんせい》は二〇〇字《じ》、五年生《ねんせい》は一八五字《じ》、六年生《ねんせい》が一八一字《じ》を学《まな》ぶことになっておる。

学年《がくねん》が上《あ》がるほど多《おお》くなる、というわけでもないのじゃ。しかし、どんどん形《かたち》が複雑《ふくざつ》になってくるから、覚《おぼ》えるのは大変《たいへん》になるぞ。

中学《ちゅうがく》三年《ねん》までに覚《おぼ》える漢字《かんじ》は？

「常用漢字《じょうようかんじ》」という言葉《ことば》を聞《き》いたことがあるかな？　社《しゃ》会《かい》で一般的《いっぱんてき》に使《つか》われている漢字《かんじ》のことじゃ。小学校《しょうがっこう》で習《なら》う教育漢字《きょういくかんじ》は、この常用漢字《じょうようかんじ》の中《なか》から選《えら》ばれておる。

「常用漢字《じょうようかんじ》」は全部《ぜんぶ》で二一三六文字《もじ》にも上《のぼ》る＊2。教育《きょういく》漢字《かんじ》の数《かず》を引《ひ》くと残《のこ》りは一一三〇字《じ》になるのお。中学《ちゅうがく》生《せい》になると、これを毎年《まいとし》三〇〇～四〇〇字《じ》くらい学習《がくしゅう》する。そして義務教育期間《ぎむきょういくきかん》を終了《しゅうりょう》する中学《ちゅうがく》三年生《ねんせい》までに、二一三六文字《もじ》の常用漢字《じょうようかんじ》すべてを読《よ》めるようになっていなければならんのじゃ。

＊1　二〇二〇年《ねん》から大阪《おおさか》の「阪《さか》」など都道府県名《とどうふけんめい》に使《つか》う二〇字《じ》も加《くわ》わる。

＊2　日本漢字能力検定《にほんかんじのうりょくけんてい》（漢検《かんけん》）で常用漢字《じょうようかんじ》すべてを読《よ》み書《か》きできるレベルは二級《きゅう》にあたる。

第《だい》1章《しょう》

知《し》っているようで知《し》らなかった漢字《かんじ》

漢《かん》賊《ぞく》すごろく PART Ⅰ

欠 あくび（→ 25 ページ）

全員《ぜんいん》であくびをする。

愛 すり足《あし》でこっそり歩《ある》く（→ 34 ページ）

宝《たから》をぬすもうとしたもじおくん、こっそり歩《ある》くのに失敗《しっぱい》。

2 マスもどる

白 親指《おやゆび》（→ 29 ページ）

船《ふね》を修理《しゅうり》していて親指《おやゆび》をケガ！

1 回休《かいやす》み

去 口《くち》いっぱい食《た》べる（→ 46 ページ）

敵船《てきせん》にしのびこんだ二人《ふたり》はごちそうをぬすみ食《ぐ》い！

元気百倍《げんきひゃくばい》で 3 マス進《すす》む

絵 ししゅう（→ 52 ページ）

ししゅうをするかんこちゃんにもじおくんがうっとり。 1 回休《かいやす》み

福 お神酒《みき》（→ 48 ページ）

お酒《さけ》を飲《の》んで博士《はかせ》がよっぱらっちゃった！

サイコロをもう 1 回《かい》

万 サソリ（→ 57 ページ）

サソリにさされた！

解毒剤《げどくざい》を探《さが》しに行《い》かないと。

サイコロを振《ふ》って出《で》た数《かず》だけもどる

号 ほえるトラ（→ 58 ページ）

トラが出《で》てきたぞ！

にげろ～！！！

5 マス進《すす》む

先

死《し》んだ人《ひと》

(→86ページ)

博士《はかせ》がゾンビになってあらわれた！　にげろ〜！

政

武器《ぶき》で討《とう》ばつする　(→81ページ)

武器《ぶき》をもって敵《てき》がせめてきた〜！　となりの人《ひと》とじゃんけん。　**負《ま》けたら１回休《かいやす》み**

鬱

木々《きぎ》が生《お》いしげってしっ気《け》がこもる

(→77ページ)

木《き》がいっぱいの島《しま》に上陸《じょうりく》。
食料探《しょくりょうさが》しで迷《まよ》っちゃった！
早口言葉《はやくちことば》を３回言《かいい》えたら脱出成功《だっしゅつせいこう》！　３マス進《すす》む

罪

魚《さかな》をつかまえる網《あみ》

(→71ページ)

おなかが減《へ》ったよ〜！　魚《さかな》をつかまえようとしたけどまちがえて自分《じぶん》が網《あみ》にかかっちゃった！
サイコロを振《ふ》って偶数《ぐうすう》が出《で》たら脱出成功《だっしゅつせいこう》。奇数《きすう》なら１回休《かいやす》み

教

ムチで打《う》って子《こ》に習《なら》わせる

(→82ページ)

敵《てき》につかまったもじおくん。
ムチうちの刑《けい》だ……。
や、やめてー！

干

二《ふた》またにわかれた枝《えだ》で作《つく》った武器《ぶき》

(→81ページ)

おそってきた敵《てき》を武器《ぶき》で追《お》いはらえ！　となりの人《ひと》とじゃんけんで勝負《しょうぶ》！
勝《か》ったらサイコロをもう１回《かい》、負《ま》けたら１回休《かいやす》み

負

人《ひと》を背《せ》に負《お》う

(→76ページ)

となりの人《ひと》をおんぶしよう！

朗

月《つき》の光《ひかり》が明《あか》るいこと

(→64ページ)

月明《つきあ》かりに照《て》らされて夜《よる》なのにスイスイ進《すす》める！
３マス進《すす》む

人《ひと》の動作《どうさ》からできた漢字《かんじ》

そろそろとしのび足《あし》で歩《ある》いたり、あくびをしたり、ひらひらとまいおどったり……。昔《むかし》の人《ひと》たちは人間《にんげん》のさまざまな動《うご》きを漢字《かんじ》の形《かたち》にうつしとったのじゃ。

元

音《おん》	ゲン・ガン
訓《くん》	もと
部首《ぶしゅ》	儿(ひとあし／にんにょう)
画数《かくすう》	4画《かく》

もとの意味《いみ》

丸《まる》い頭《あたま》

篆文《てんぶん》	金文《きんぶん》

「元気《げんき》」の元《げん》だから、きっと勢《いきお》いがいいって意味《いみ》だねっ！

「元祖《がんそ》」とか「元旦《がんたん》」もあるわよ。一番《いちばん》はじめって意味《いみ》かも。

「元《げん》」は、「頭《あたま》」を表《あらわ》す「一《いち》」と、「丸《まる》い」という意味《いみ》の「兀《がつ》」をあわせた字《じ》じゃ。もとは「丸《まる》い頭《あたま》」という意味《いみ》だったんじゃ。頭《あたま》は体《からだ》の中《なか》で一番上《いちばんうえ》にあるから、だんだん「はじめ」「もと」の意味《いみ》に広《ひろ》がっていったんじゃな。

これから「元《げん》」の字《じ》を見《み》たら、まん丸頭《まるあたま》を思《おも》い出《だ》せばいいのか。

ふふ、もじおくんは丸刈《まるが》りがよく似《に》あいそうね！

天

音《おん》	テン
訓《くん》	あめ・あま
部首《ぶしゅ》	大(だい)
画数《かくすう》	4画《かく》

もとの意味《いみ》

人《ひと》の頭《あたま》

篆文《てんぶん》	金文《きんぶん》

「天地《てんち》」や「天空《てんくう》」といえば、やはり空《そら》を思《おも》い出《だ》すわね。

そうかな？　見《み》た目《め》は「人《ひと》」に近《ちか》いよ。ほら、「人《ひと》」に横棒《よこぼう》を二本《ほん》足《た》したら「天《てん》」になるし。

もじおくん、なかなかするどいのう。「天《てん》」は人《ひと》の全身《ぜんしん》を正面《しょうめん》から見《み》て、頭部《とうぶ》をはっきりと描《えが》いた象形文字《しょうけいもじ》じゃ。もとは「人《ひと》の頭《あたま》」の意味《いみ》で、だんだん頭《あたま》の上《うえ》にある「空《そら》」の意味《いみ》に使《つか》われるようになったんじゃよ。

おぉ！　ぼくってやっぱり天才《てんさい》かも!?

有頂天《うちょうてん》になっていると天罰《てんばつ》が下《くだ》るわよ。

願

音《おん》	ガン
訓《くん》	ねが(う)
部首《ぶしゅ》	頁(おおがい)
画数《かくすう》	19画《かく》

もとの意味《いみ》

大《おお》きな頭《あたま》

篆文《てんぶん》	金文《きんぶん》

「念願《ねんがん》」も「祈願《きがん》」も、願《ねが》ったり望《のぞ》んだりする意味《いみ》よね。

「願《がん》」は、人《ひと》の頭《あたま》を表《あらわ》す「頁《おおがい》」と、「大《おお》きい」という意味《いみ》の「原《げん》」をあわせた字《じ》で、もとは「大《おお》きな頭《あたま》」の意味《いみ》じゃ。のちに、「ねがう」の意味《いみ》の「慭《ぎん》」と音《おん》が似《に》ているから、当《あ》て字《じ》として使《つか》われるようになり「ねがう」という意味《いみ》になったんじゃや。

大《おお》きな頭《あたま》の博士《はかせ》にお願《ねが》い！　明日《あす》の漢字《かんじ》テストは一〇〇点《てん》とれますよーに。

他力本願《たりきほんがん》ではだめじゃ。

谷

「谷間《たにま》」や「渓谷《けいこく》」、実際《じっさい》の「谷《たに》」の形《かたち》から作《つく》られた字《じ》じゃないかしら。

名字《みょうじ》でもよく見《み》るよ。大谷《おおや》さん、中谷《なかたに》さん、小谷《こたに》さん、谷《たに》さん……。

「谷《こく》」は、「深《ふか》く開《ひら》く」という意味《いみ》の「仌」と、「口《くち》（くぼみ）」を示《しめ》す「口《こう》」をあわせた字《じ》で、もともと「深《ふか》く分《わ》かれて開《ひら》いた口《くち》」の意味《いみ》じゃ。後《あと》から、山《やま》と山《やま》の間《あいだ》の深《ふか》く分《わ》かれて開《ひら》いた「谷《たに》」の意味《いみ》で使《つか》われるようになったのじゃよ。

そうか！ 山《やま》と山《やま》の間《あいだ》で口《くち》を大《おお》きく開《あ》けた谷《たに》さん、と覚《おぼ》えようっと！

音《おん》	コク
訓《くん》	たに
部首《ぶしゅ》	谷（たに）
画数《かくすう》	7画《かく》

もとの意味《いみ》

深《ふか》く分《わ》かれて開《ひら》いた口《くち》

篆文《てんぶん》	金文《きんぶん》

護

「保護《ほご》」「援護《えんご》」「弁護《べんご》」、何《なに》かを守《まも》る意味《いみ》でよく使《つか》われている漢字《かんじ》だわ。

ガードマン的《てき》な意味《いみ》の字《じ》なのかな？

「護《ご》」は、「言葉《ことば》」を意味《いみ》する「言《げん》」と、「ぐるぐる回《まわ》す」という意味《いみ》の「蒦《かく》」をあわせた字《じ》で、もとは「言葉《ことば》をぐるぐるこね回《まわ》す」という意味《いみ》じゃ。言《い》い訳《わけ》をして自分《じぶん》をかばうことから「守《まも》る」や「かばう」といった意味《いみ》になったんじゃな。

なるほど。「弁護《べんご》」はもとの意味《いみ》に近《ちか》いのね。

言葉《ことば》がたくみなかんこちゃんは、弁護士《べんごし》に向《む》いているね。

音《おん》	ゴ
訓《くん》	まも（る）・まも（り）
部首《ぶしゅ》	言（ごんべん）
画数《かくすう》	20画《かく》

もとの意味《いみ》

言葉《ことば》をぐるぐるこね回《まわ》す

篆文《てんぶん》	金文《きんぶん》

人《ひと》の動作《どうさ》からできた漢字《かんじ》
衣食住《いしょくじゅう》にかかわる漢字《かんじ》
動物《どうぶつ》や植物《しょくぶつ》が由来《ゆらい》の漢字《かんじ》
自然現象《しぜんげんしょう》が由来《ゆらい》の漢字《かんじ》
もとはワルくない漢字《かんじ》
じつはコワい漢字《かんじ》

欠

音《おん》	ケツ
訓《くん》	か(ける)・か(く)
部首《ぶしゅ》	欠(あくび)
画数《かくすう》	4画《かく》

もとの意味《いみ》

あくびをする

篆文《てんぶん》1	篆文《てんぶん》2	金文《きんぶん》

「欠点《けってん》」とか「欠席《けっせき》」とか、何《なに》かが足《た》りない感《かん》じがするわね。

「欠《けつ》」は、人《ひと》が大口《おおぐち》を開《あ》けてあくびをする姿《すがた》の象形文字《しょうけいもじ》じゃ。篆文《てんぶん》1の形《かたち》をごらん。

たしかにあくびをしているみたい？　授業中《じゅぎょうちゅう》のもじおくんね。

だって、ねむたくなっちゃうんだよ。

まあまあ。「欠《けつ》」は、土器《どき》のふちが割《わ》れて「かける」という意味《いみ》の「缺《けつ》」と音《おん》が同《おな》じだったため、当《あ》て字《じ》として使《つか》われているうちにそのまま「欠《か》ける」の意味《いみ》になったんじゃよ。あくびを漢字《かんじ》で「欠伸《あくび》」と書《か》くのはもとの意味《いみ》の名残《なごり》じゃな。

欧

音《おん》	オウ
訓《くん》	は(く)
部首《ぶしゅ》	欠(あくび)
画数《かくすう》	8画《かく》

もとの意味《いみ》

口《くち》を開《あ》けてオウと吐《は》く

篆文《てんぶん》	金文《きんぶん》

ヨーロッパを漢字《かんじ》で書《か》くと、「欧羅巴《よーろっぱ》」や「欧州《おうしゅう》」よね。

「欧米《おうべい》」や「北欧《ほくおう》」も漢字《かんじ》で書《か》くとおしゃれなイメージだね。

もとの意味《いみ》はおしゃれじゃないぞ。「欧《おう》」の旧字体《きゅうじたい》（↓15ページ）は「歐《おう》」。大口《おおぐち》を開《あ》けた形《かたち》の「欠《けつ》」と、ものを吐《は》く音《おん》の「區《く》」をあわせた字《じ》で、「口《くち》を開《あ》けてオウと吐《は》く」の意味《いみ》じゃ。

「嘔吐《おうと》」を思《おも》い出《だ》すね。

オウ！　欧州《おうしゅう》が嘔吐州《おうとしゅう》とは！

音《おん》が同《おな》じだから使《つか》われたけど、意味《いみ》は別《べつ》に関係《かんけい》ないんじゃや。でも森鷗外《もりおうがい》も欧州《おうしゅう》への船旅《ふなたび》で嘔吐《おうと》したかもしれんぞ。

四

音《おん》	シ
訓《くん》	よ・よ(つ)・よっ(つ)・よん
部首《ぶしゅ》	口(くにがまえ)
画数《かくすう》	5画《かく》

もとの意味《いみ》

息《いき》をする

篆文《てんぶん》	金文《きんぶん》1	金文《きんぶん》2

「四《し》」はよく見《み》ると「一《いち》」「二《に》」「三《さん》」とはだいぶ形《かたち》がちがうね。

画数《かくすう》も四画《かく》じゃないしね。

金文《きんぶん》2をごらん。「四《し》」は、口《くち》の中《なか》に歯《は》や舌《した》が見《み》える様子《ようす》を描《えが》いた象形文字《しょうけいもじ》で、もとは「息《いき》をする」という意味《いみ》。最初《さいしょ》は金文《きんぶん》1の指《ゆび》を四本並《ほんなら》べた文字《もじ》で4を表《あらわ》していたが、次第《しだい》に並《なら》べるという意味《いみ》の「肆《し》」という漢字《かんじ》を使《つか》うようになったんじゃ。その後同《あとおな》じ音《おん》の「四《し》」が当《あ》て字《じ》として使《つか》われ、そのまま定着《ていちゃく》したんじゃな。

「四《し》」を見《み》たら「フォー」(four)と息《いき》をはき出《だ》す姿《すがた》を想像《そうぞう》しよう。

舎

音《おん》	シャ
訓《くん》	いえ・やど・やど(る)・お(く)
部首《ぶしゅ》	口(くち)
画数《かくすう》	8画《かく》

もとの意味《いみ》

ゆっくり息《いき》をして休《やす》む

篆文《てんぶん》	金文《きんぶん》

「校舎《こうしゃ》」「宿舎《しゅくしゃ》」「駅舎《えきしゃ》」とか、建物《たてもの》や場所《ばしょ》という意味《いみ》の字《じ》かしら。

「舎《しゃ》」の旧字体《きゅうじたい》は「舍《しゃ》」。息《いき》をするという意味《いみ》の「口《こう》」と、ゆっくりするという「余《じょ》」をあわせた字《じ》で、「ゆっくり息《いき》をして休《やす》む」という意味《いみ》じゃ。それが「休《きゅう》けい用《よう》の家《いえ》」「建物《たてもの》」を表《あらわ》すようになったのじゃ。

なるほど。

じゃ、校舎《こうしゃ》ではゆっくり息《いき》をして休《やす》むってことで、授業中《じゅぎょうちゅう》に居眠《いねむ》りしてもいいわけだ!

もちろんダメじゃ〜!!

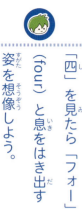

与

音《おん》	ヨ
訓《くん》	あた(える)
部首《ぶしゅ》	一(いち)
画数《かくすう》	3画《かく》

もとの意味《いみ》

多《おお》くの人《ひと》が手《て》を組《く》みあって仲間《なかま》になる

篆文《てんぶん》	金文《きんぶん》

「授与《じゅよ》」とか「贈与《ぞうよ》」とか、人《ひと》に何《なに》かを与《あた》える意味《いみ》ね。

「与《よ》」の旧字体《きゅうじたい》は「與《よ》」で、四《よっ》つの手《て》の形《かたち》の「舁」とがっしり組《く》みあう意味《いみ》の「与」をあわせた字《じ》じゃ。「多《おお》くの人《ひと》が手《て》を組《く》みあって仲間《なかま》になる」という意味《いみ》なんじゃ。

仲間《なかま》になるという意味《いみ》の「くみする」という訓読《くんよ》みもあるのはそのためなのね。

「あたえる」という意味《いみ》の「予《よ》」と、「与《よ》」の音《おん》が同《おな》じだったことから同《おな》じ意味《いみ》で使《つか》われるようになったんじゃよ。

博士《はかせ》、ぼくに何《なに》か与《あた》えてください……。

こうして知識《ちしき》を与《あた》えてるじゃろう！

友

音《おん》	ユウ
訓《くん》	とも
部首《ぶしゅ》	又(また)
画数《かくすう》	4画《かく》

もとの意味《いみ》

手《て》にさらに手《て》をそえて助《たす》ける

篆文《てんぶん》	金文《きんぶん》

「友人《ゆうじん》」「親友《しんゆう》」「友情《ゆうじょう》」、フレンドですね。

「友《ゆう》」の篆文《てんぶん》は手《て》を表《あらわ》す「又」を重《かさ》ねた字《じ》で、もともとは「手《て》にさらに手《て》をそえて助《たす》ける」という意味《いみ》じゃ。それがのちに、互《たが》いに助《たす》けあうような関係《かんけい》を表《あらわ》す「友《ゆう》」の意味《いみ》になったわけじゃ。

本当《ほんとう》の友《とも》だちは互《たが》いに助《たす》けあうものだ、と漢字《かんじ》が教《おし》えてくれているようです。私《わたし》も、もじおくんとも本当《ほんとう》の友《とも》だちになれるといいけど……。

ぼくらが手《て》と手《て》をとりあうとうでずもうになっちゃうもんね。

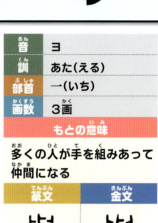

及

音《おん》	キュウ
訓《くん》	およ(ぶ)・およ(び)・およ(ぼす)
部首《ぶしゅ》	又(また)
画数《かくすう》	3画《かく》

もとの意味《いみ》

前《まえ》の人《ひと》に追《お》いつく

篆文《てんぶん》	金文《きんぶん》

「追及《ついきゅう》」「言及《げんきゅう》」「波及《はきゅう》」などの言葉《ことば》があるわね。

篆文《てんぶん》の形《かたち》を見《み》てごらん。前《まえ》にいる人《ひと》（ア）の背中《せなか》に手《て》（ヨ）が届《とど》いている形《かたち》の象形文字《しょうけいもじ》で、もとは「前《まえ》の人《ひと》に追《お》いつく」という意味《いみ》じゃ。前《まえ》を行《い》く人《ひと》に追《お》いつくことから、後《あと》で「およぶ・達《たっ》する」という意味《いみ》で使《つか》われるようになったんじゃな。

よし、この字《じ》をはげみにして、前《まえ》を行《い》くかんこちゃんに追《お》いつくぞ。

及第点《きゅうだいてん》は取《と》れても、私《わたし》の足元《あしもと》にも及《およ》ばないわよ！

争

音《おん》	ソウ
訓《くん》	あらそ(う)
部首《ぶしゅ》	爪(つめ)
画数《かくすう》	6画《かく》

もとの意味《いみ》

力《ちから》の入《はい》ったうでを引《ひ》き止《と》める

篆文《てんぶん》	金文《きんぶん》

「競争《きょうそう》」も「戦争《せんそう》」も「闘争《とうそう》」も、もめて争《あらそ》っている感《かん》じがするよ。ガガッ、ガー!!

おだやかじゃないわね。

「争《そう》」は手《て》（ヨ）が力《ちから》の入《はい》ったうでを引《ひ》き止《と》める様子《ようす》を表《あらわ》した象形文字《しょうけいもじ》じゃ。力《ちから》の入《はい》ったうでを引《ひ》き止《と》めることから「あらそう」という意味《いみ》になったんじゃ。

なるほど、曲《ま》がって見《み》えるところはうでの力《ちから》こぶなのね。

かんこちゃんのうでみたいに力強《ちからづよ》そう。

白

音《おん》	ハク・ビャク
訓《くん》	しろ・しら・しろ(い)
部首《ぶしゅ》	白(しろ)
画数《かくすう》	5画《かく》

もとの意味《いみ》

つめがのびた親指《おやゆび》

篆文《てんぶん》	金文《きんぶん》

「白《はく》」という字《じ》は「白骨化《はっこつか》した頭蓋骨《ずがいこつ》の形《かたち》を表《あらわ》している」、という説《せつ》を読《よ》んだことがあるわ。

そうじゃ。ほかにも「どんぐりの木《き》の実《み》を表《あらわ》した字《じ》」など「白《はく》」の漢字《かんじ》の起源《きげん》にはたくさんの説《せつ》があるぞ。中国《ちゅうごく》の作《さっ》家《か》・郭沫若《かくまつじゃく》*の説《せつ》では、「白《はく》」は「つめがのびた親指《おやゆび》」を表《あらわ》す象形文字《しょうけいもじ》じゃ。当時《とうじ》、「しろ色《いろ》」という意味《いみ》の漢字《かんじ》がなかったので、「白《はく》」が当《あ》て字《じ》で使《つか》われ、今使《いまつか》われているような白《しろ》いという意味《いみ》になったのじゃ。

のびた爪《つめ》の先《さき》が白《しろ》いから「白《しろ》」じゃなかったんだね。

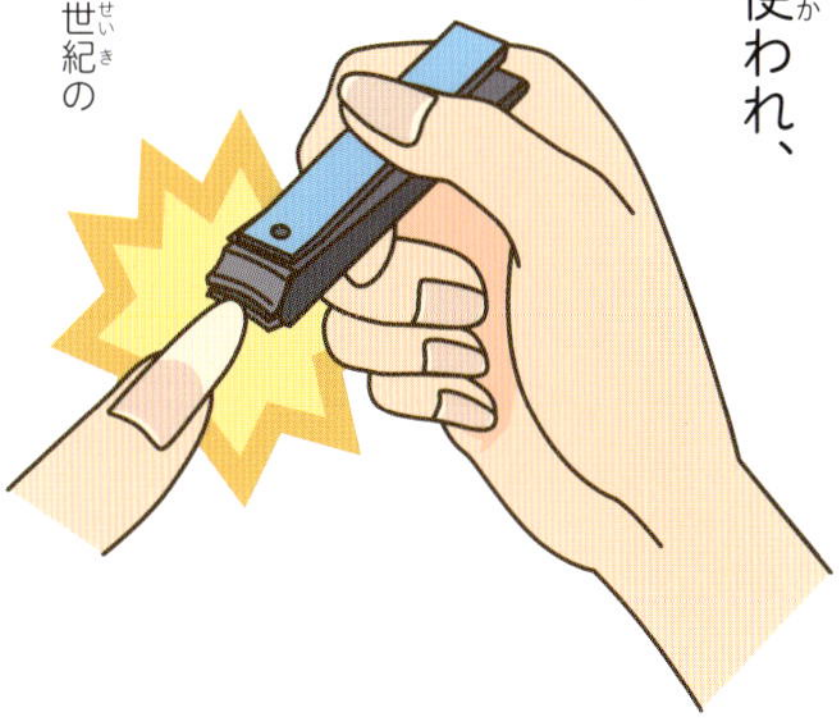

*中華民国《ちゅうかみんこく》と中華人民共和国《ちゅうかじんみんきょうわこく》で活《かつ》やくした二〇世紀《せいき》の文学者《ぶんがくしゃ》・政治家《せいじか》。

寸

音《おん》	スン
部首《ぶしゅ》	寸(すん)
画数《かくすう》	3画《かく》

もとの意味《いみ》

脈《みゃく》をみるために手首《てくび》から指《ゆび》一本分《ぽんぶん》の場所《ばしょ》をおさえる

篆文《てんぶん》	金文《きんぶん》

「寸前《すんぜん》」とか「寸劇《すんげき》」とか、どれもほんの少《すこ》しという意味《いみ》で使《つか》われているわね。

一寸法師《いっすんぼうし》もあるよ。

博士《はかせ》、寸《すん》はたしか、昔《むかし》の長《なが》さの単位《たんい》でしたよね？

そうじゃよ。「寸《すん》」は手《て》の形《かたち》「ヨ」と一本《ぽん》の指《ゆび》を表《あらわ》す「一《いち》」をあわせた字《じ》じゃ。「脈《みゃく》をみるために手首《てくび》から指《ゆび》一本分《ぽんぶん》の場所《ばしょ》をおさえる」という意味《いみ》で、そのはばを一寸《いっすん》の長《なが》さとしたんじゃな。「一寸《いっすん》の虫《むし》にも五分《ごぶ》の魂《たましい》」じゃよ。

もじおくんがこれから寸暇《すんか》をおしんで漢字《かんじ》の勉強《べんきょう》をすべきなのはまちがいないわね。

一寸待《ちょっとま》って、もうギブアップ寸前《すんぜん》だよ～。

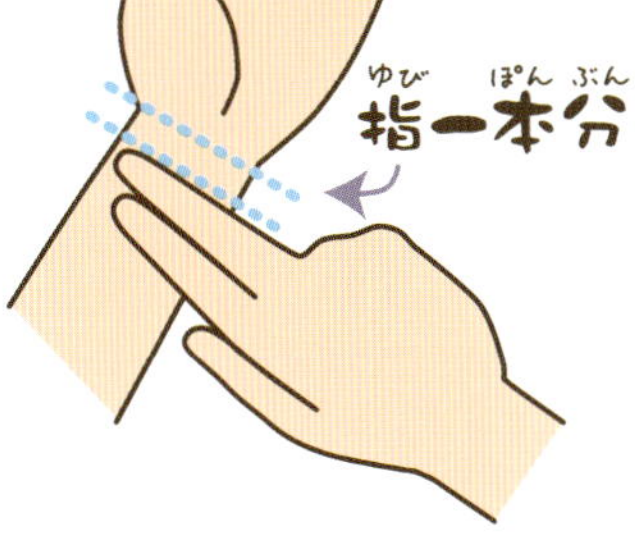

要

音《おん》	ヨウ
訓《くん》	い(る)・かなめ
部首《ぶしゅ》	襾(おおいかんむり)
画数《かくすう》	9画《かく》

もとの意味《いみ》

腰《こし》

篆文《てんぶん》	金文《きんぶん》

「必要《ひつよう》」「要点《ようてん》」「要素《ようそ》」と大切《たいせつ》な感《かん》じがする文字《もじ》ね。

むむっ……!? 字《じ》の形《かたち》からは、西《にし》のほうにいる女性《じょせい》が大切《たいせつ》だった、と読《よ》めるぞ!

篆文《てんぶん》を見《み》てごらん。「要《よう》」は人《ひと》の背骨《せぼね》、腰骨《こしぼね》と二本《ほん》の足《あし》の形《かたち》を表《あらわ》す象形文字《しょうけいもじ》で、もとは人間《にんげん》の「腰《こし》」の意味《いみ》じゃ。腰《こし》は和服《わふく》を着《き》るときに帯《おび》でしばるかんじんなところじゃ。「要《よう》」という字《じ》が「大事《だいじ》なところ（かなめ）」の意味《いみ》で使《つか》われるようになったので、代《か》わりに体《からだ》を表《あらわ》す「月《にくづき》」をつけて「腰《こし》」という漢字《かんじ》ができたんじゃよ。

腰《こし》は人体《じんたい》の要《かなめ》ね。

わしもぎっくり腰《ごし》になったときは、大変《たいへん》じゃった……。

考

音《おん》	コウ
訓《くん》	かんが(える)
部首《ぶしゅ》	老(おいかんむり)
画数《かくすう》	6画《かく》

もとの意味《いみ》

腰《こし》の曲《ま》がった老人《ろうじん》

篆文《てんぶん》	金文《きんぶん》

「考察《こうさつ》」「熟考《じゅっこう》」は、よく考《かんが》えるというイメージの熟語《じゅくご》だわ。

「考《こう》」は、「かみの長《なが》い腰《こし》の曲《ま》がった年寄《としよ》り」を表《あらわ》す「耂《おいかんむり》」と、「曲《ま》がっている」という意味《いみ》の「丂《こう》」をあわせた字《じ》で、「腰《こし》の曲《ま》がった老人《ろうじん》」という意味《いみ》じゃ。「考《こう》」と「老《ろう》」は同《おな》じ意《い》味だったが、「考《こう》」は、思考《しこう》という意味《いみ》の「覈《かく》」の当《あ》て字《じ》として使《つか》われ「かんがえる」という意味《いみ》になったのじゃ。

老《ふ》けないためにも考《かんが》えないようにしよう。

「少年老《しょうねんお》い易《やす》く学成《がくな》り難《がた》し*」、今考《いまかんが》えなくていつ考《かんが》えるのじゃ!

* 若《わか》いうちは先《さき》が長《なが》いと思《おも》うが、すぐに年《とし》をとってしまうので若《わか》いうちから勉強《べんきょう》に励《はげ》むべきだということわざ。

他

音《おん》	タ
部首《ぶしゅ》	人(にんべん)
画数《かくすう》	5画《かく》

もとの意味《いみ》

人《ひと》が荷物《にもつ》を背負《せお》う

篆文《てんぶん》	金文《きんぶん》

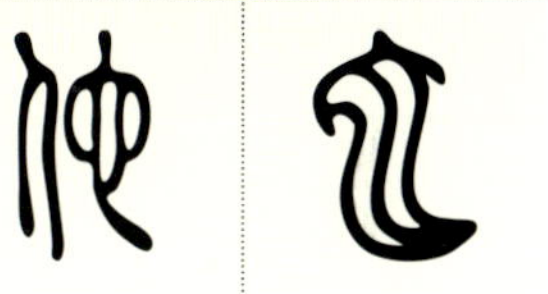

「他人《たにん》」に「自他《じた》」。自分《じぶん》じゃないとか、そのほかという意味《いみ》かしら。

「他《ほか》」は、人《ひと》の形《かたち》を表《あらわ》した「亻《にんべん》」と、「加《くわ》える」という意味《いみ》の「也《た》」をあわせた字《じ》じゃ。もとは「人《ひと》が背《せ》に荷物《にもつ》を加《くわ》える＝人《ひと》が荷物《にもつ》を背負《せお》う」という意味《いみ》じゃったが、「ほか」という意味《いみ》の「它《た》」と同《おな》じ音《おん》なので当《あ》て字《じ》として使《つか》われるようになり、「よそ」「そのほか」という意味《いみ》になったのじゃ。

そうだったんだ！　他人《たにん》で思《おも》い出《だ》したけど、他人丼《たにんどん》はぶた肉《にく》が一番《いちばん》だね！

ええっ!?　牛肉《ぎゅうにく》のほうがおいしいよ！

こらこら他愛《たあい》もないことでケンカはやめるんじゃ。

北

音《おん》	ホク
訓《くん》	きた
部首《ぶしゅ》	匕(ひ)
画数《かくすう》	5画《かく》

もとの意味《いみ》

背《せ》を向《む》ける

篆文《てんぶん》	金文《きんぶん》

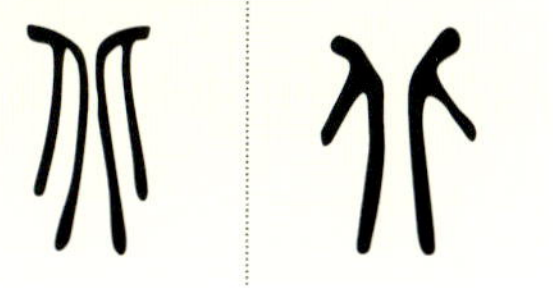

「北風《きたかぜ》」「北極《ほっきょく》」「北国《きたぐに》」。どれも寒《さむ》そうね。

金文《きんぶん》を見《み》てごらん。二人《ふたり》の人《ひと》が、背中《せなか》あわせになっている様子《ようす》を表《あらわ》した象形文字《しょうけいもじ》で、もとは「背《せ》を向《む》ける」という意味《いみ》じゃ。

おお！　二人《ふたり》が空気《くうき》イスをしているように見《み》えるね。

でも、どうして「背《せ》を向《む》ける」が方角《ほうがく》を意味《いみ》するようになったのかしら？

昔《むかし》の中国《ちゅうごく》では、南向《みなみむ》きに家《いえ》を建《た》て、人《ひと》も南向《みなみむ》きに座《すわ》ったので、背《せ》を向《む》ける方角《ほうがく》を「北《きた》」と呼《よ》ぶようになったのじゃ。

そういえば「背《せ》」という文字《もじ》にも「北《きた》」が入《はい》っているわね。

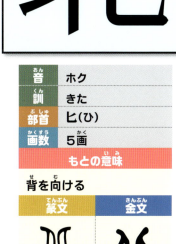

歴

音《おん》	レキ
部首《ぶしゅ》	止(とめる)
画数《かくすう》	14画《かく》

もとの意味《いみ》

一定《いってい》のはばで歩《ある》く

篆文《てんぶん》	金文《きんぶん》

「歴史《れきし》」の歴《れき》だね。

社会《しゃかい》の移《うつ》り変《か》わりや出来事《できごと》の積《つ》み重《かさ》ねという意味《いみ》かしら。

「歴《れき》」の旧字体《きゅうじたい》は「歷《れき》」じゃ。足《あし》あとを表《あらわ》す象形文字《しょうけいもじ》の「止《し》」()と、「一定《いってい》の間《かん》かく」という意味《いみ》の「厤《れき》」をあわせた字《じ》で、「一定《いってい》のはばで歩《ある》く」という意味《いみ》じゃった。そこから「へてきたあと」「月日《つきひ》の変《へん》せん」という意味《いみ》に広《ひろ》がったわけじゃ。

一歩一歩《いっぽいっぽ》の積《つ》み重《かさ》ねが「歴《れき》」。なんだか素敵《すてき》な感《かん》じね。

うむ。学歴《がくれき》も日々《ひび》の学習《がくしゅう》の積《つ》み重《かさ》ねがつくっていくものじゃよ。

一気《いっき》にジャンプできたらいいのにな。

造

音《おん》	ゾウ
訓《くん》	つく(る)
部首《ぶしゅ》	辶(しんにょう)
画数《かくすう》	10画《かく》

もとの意味《いみ》

歩《ある》いていって席《せき》につく

篆文《てんぶん》	金文《きんぶん》

「創造《そうぞう》」「造花《ぞうか》」という熟語《じゅくご》があったね。

「造《ぞう》」は、「道《みち》を歩《ある》く」という意味《いみ》の「辶《しんにょう》」と、「席《せき》につく」という意味《いみ》の「告《しゅう》」をあわせた字《じ》で、もとは「歩《ある》いていって席《せき》につく」の意味《いみ》じゃ。そこから「進《すす》む」や「いたる」という意味《いみ》に広《ひろ》がり、「つくる」という意味《いみ》の作《さく》(乍《さく》)と音《おん》が近《ちか》いため、当《あ》て字《じ》に使《つか》われているうちに「つくる」を意《い》味《み》するようになったんじゃよ。

そういえば、造詣《ぞうけい》という言葉《ことば》もあったわ。

造詣《ぞうけい》の詣《けい》も「いたる・達《たっ》する」という意味《いみ》があり、学問《がくもん》や芸術《げいじゅつ》の技量《ぎりょう》や知識《ちしき》が奥深《おくぶか》く達《たっ》していることを表《あらわ》すのじゃな。

急

音《おん》	キュウ
訓《くん》	いそ(ぐ)
部首《ぶしゅ》	心(こころ)
画数《かくすう》	9画《かく》

もとの意味《いみ》

追《お》いつこうとして心《こころ》があせる

篆文《てんぶん》	金文《きんぶん》

「急用《きゅうよう》」「至急《しきゅう》」「急激《きゅうげき》」……いかにもあわてている感《かん》じがするわ。

「急《きゅう》」の旧字体《きゅうじたい》は「急《きゅう》」じゃ。篆文《てんぶん》をごらん。「急《きゅう》」は「心《こころ》」と、「人《ひと》の背中《せなか》に手《て》が届《とど》いている＝追《お》いつく」という形《かたち》を表《あらわ》した「及《きゅう》」をあわせた字《じ》で、「追《お》いつこうとして心《こころ》があせる」ことから「いそぐ」という意味《いみ》になったのじゃ。

ぼくたちも急《いそ》がなきゃ！

善《ぜん》は急《いそ》げ、だよ！

あわてないで！　急《いそ》がば回《まわ》れ、よ！

起

音《おん》	キ
訓《くん》	お(きる)・お(こる)・お(こす)
部首《ぶしゅ》	走(そうにょう)
画数《かくすう》	10画《かく》

もとの意味《いみ》

走《はし》るのをやめて立《た》ち止《ど》まる

篆文《てんぶん》	金文《きんぶん》

「起立《きりつ》」「起床《きしょう》」「発起《ほっき》」。何《なに》かとアクティブで前向《まえむ》きな感《かん》じがする字《じ》ね。

「起《き》」の異体字《いたいじ》（→18ページ）は「起《き》」じゃ。「走《はし》る」という意味《いみ》の「走《そう》」と、「留《と》まる」という意味《いみ》の「止《し》」と音《おん》が同《おな》じ「巳《し》」をあわせた字《じ》じゃ。もとは「走《はし》るのをやめて立《た》ち止《ど》まる」という意味《いみ》じゃったが、走《はし》らないでただ立《た》っていることから、やがて「立《た》つ」、「起《お》きる」という意味《いみ》になったんじゃよ。

別《べつ》にアクティブじゃなかったんだね。

人間《にんげん》、一度《いちど》立《た》ち止《ど》まることから奮起《ふんき》が始《はじ》まるのかもしれんな。

愛

音《おん》	アイ
部首《ぶしゅ》	心(こころ)
画数《かくすう》	13画《かく》

もとの意味《いみ》

それとなくこっそり歩《ある》く

篆文《てんぶん》	金文《きんぶん》

「愛情《あいじょう》」「恋愛《れんあい》」「熱愛《ねつあい》」。LOVE《ラブ》以外《いがい》の意味《いみ》があるのかしら～♥

「愛《あい》」は、「すり足《あし》でそっと歩《ある》く」という意味《いみ》の「夊《すい》」（下向《したむ》きの足《あし》あと）と、「こっそり」という意味《いみ》の「炁《すい》」（楷書《かいしょ》では㤅《すい》）をあわせた字《じ》で、「それとなくこっそり歩《ある》く」という意《い》味《み》だったんじゃ。もともとは「炁《すい》」が「愛《あい》する」「いつくしむ」という意味《いみ》だったが、「愛《あい》」が代《か》わりに使《つか》われているうちにすたれて、「愛《あい》」のみが残《のこ》ったのじゃ。

「炁《すい》」はいつの間《ま》にか、こっそり「愛《あい》」に意味《いみ》を奪《うば》われたんだね！

有島武郎《ありしまたけお》*が書《か》いた『惜《お》しみなく愛《あい》は奪《うば》う』を思《おも》い出《だ》したぞ。

*大正時代《たいしょうじだい》に活《かつ》やくした白樺派《しらかばは》の小説家《しょうせつか》。

遊

音《おん》	ユウ・ユ
訓《くん》	あそ(ぶ)
部首《ぶしゅ》	辶(しんにょう)
画数《かくすう》	12画《かく》

もとの意味《いみ》

道《みち》をゆったり歩《ある》く

篆文《てんぶん》	金文《きんぶん》

「遊園地《ゆうえんち》」「遊技《ゆうぎ》」！子《こ》どもには身近《みぢか》な漢字《かんじ》ね！

「遊《ゆう》」は、「道《みち》を歩《ある》く」という意味《いみ》の「辶《しんにょう》」と、「ゆったりする」という意味《いみ》の「斿《ゆう》」をあわせた字《じ》で、もとは「道《みち》をゆったり歩《ある》く」という意味《いみ》じゃ。のんびり外《そと》に出《で》かけてゆったりと歩《ある》くことから「遊《あそ》ぶ」という意味《いみ》に広《ひろ》がったんじゃな。

のんびり歩《ある》くだけじゃ、遊《あそ》びとはいえないよぉ。

もしかすると、遊園地《ゆうえんち》より楽《たの》しいことに出会《であ》うかもしれんぞ。

界

音《おん》	カイ
部首《ぶしゅ》	田(た)
画数《かくすう》	9画《かく》

もとの意味《いみ》

境《さかい》

篆文《てんぶん》	金文《きんぶん》

「境界《きょうかい》」「限界《げんかい》」「世界《せかい》」。何《なに》かで仕切《しき》られた場所《ばしょ》のことのようね。

「界《かい》」は、「田畑《たはた》」を表《あらわ》す象形文字《しょうけいもじ》「田」と、「区切《くぎ》ってへだてる」という意味《いみ》「画《かく》」と音《おん》が近《ちか》い「介《かい》」とをあわせた字《じ》で、もとは田畑《たはた》を区切《くぎ》ってへだてる「堺《さかい》」という意味《いみ》じゃ。やがてそれが「一定《いってい》の区切《くぎ》りの中《なか》」という意味《いみ》をもつようになったのじゃ。

とつぜんですが、気球《ききゅう》で世界《せかい》一周《いっしゅう》したいな。

きっと、視界良好《しかいりょうこう》ね！

奇

音《おん》	キ
部首《ぶしゅ》	大(だい)
画数《かくすう》	8画《かく》

もとの意味《いみ》

人《ひと》が一本足《ぽんあし》で立《た》つ

篆文《てんぶん》	金文《きんぶん》

「奇人《きじん》」「奇怪《きかい》」「奇術《きじゅつ》」。とにかくめずらしくて変《か》わっているものに使《つか》われている漢字《かんじ》よね。

「奇《き》」は、人《ひと》が立《た》つ姿《すがた》を表《あらわ》した象形文字《しょうけいもじ》の「大《だい》」と、「一本《ぽん》足《あし》」という意味《いみ》の「踦《き》」と同《おな》じ音《おん》の「可《き》」をあわせた字《じ》で、もとは「人《ひと》が一本足《ぽんあし》で立《た》つ」という意味《いみ》なのじゃ。ふつう人《ひと》は二本足《ほんあし》で立《た》つことから、「めずらしい」「変《か》わったもの」という意味《いみ》になったのじゃ。

「奇《き》」ってのはフラミンゴみたいな字《じ》だったのか！

フラミンゴにとっては二本足《ほんあし》のほうが奇妙《きみょう》なことだけどね。

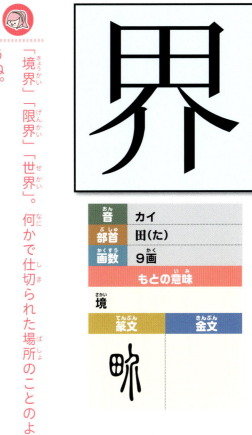

夏

音《おん》	カ・ゲ
訓《くん》	なつ
部首《ぶしゅ》	夊(ちにょう)
画数《かくすう》	10画《かく》

もとの意味《いみ》

お面《めん》をつけておどる

篆文《てんぶん》	金文《きんぶん》
	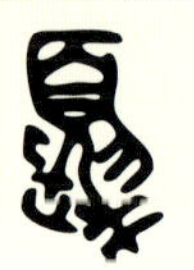

「夏祭《なつまつ》り」「夏休《なつやす》み」。夏《なつ》はもう季節《きせつ》の夏《なつ》以外《いがい》思《おも》いつかないわ。

じつは「夏《か》」は、「人《ひと》がお面《めん》をつけておどっている姿《すがた》」を表《あらわ》した象形文字《しょうけいもじ》じゃ。篆文《てんぶん》の形《かたち》を見《み》てごらん。

うーん、言《い》われてみるとたしかにそんなふうに見《み》えなくもないような……？

上《うえ》のほうは、お面《めん》っぽいじゃろう？「夏《か》」は「太陽《たいよう》が火《ひ》のように熱《あつ》い」という意味《いみ》の「是《か》」と同《おな》じ音《おん》なので、当《あ》て字《じ》として使《つか》われているうちに「暑《あつ》い季節《きせつ》の夏《なつ》」という意味《いみ》になったのじゃ。

夏《なつ》は盆《ぼん》おどりの季節《きせつ》だしね♪

優

音《おん》	ユウ
訓《くん》	やさ(しい)・すぐ(れる)
部首《ぶしゅ》	人(にんべん)
画数《かくすう》	17画《かく》

もとの意味《いみ》

おどりをまう人《ひと》

篆文《てんぶん》	金文《きんぶん》

「優美《ゆうび》」や「優雅《ゆうが》」では優《やさ》しい感《かん》じ。「優勝《ゆうしょう》」や「優位《ゆうい》」では優《すぐ》れた感《かん》じがするわね。

かんこちゃんにトッテモお似合《にあ》いの漢字《かんじ》デゴザイマス。

「優《ゆう》」は、人《ひと》を表《あらわ》す「亻《にんべん》」と、「手《て》を動《うご》かしてまう」という意味《いみ》の「憂《ゆう》」をあわせた字《じ》で、もとは「おどりをまう人《ひと》」の意味《いみ》じゃ。俳優《はいゆう》や女優《じょゆう》はそこからきておる。まいがしとやかで上手《じょうず》なことから、「優《やさ》しい」「優《すぐ》れる」の意味《いみ》になったんじゃよ。

そうか、ぼくももう少《すこ》し優《すぐ》れた俳優《はいゆう》を見習《みなら》って、かんこちゃんに優《やさ》しくお世辞《せじ》を言《い》わないと。

惜

音《おん》	セキ
訓《くん》	お(しい)・お(しむ)
部首《ぶしゅ》	心(りっしんべん)
画数《かくすう》	11画《かく》

もとの意味《いみ》

心《こころ》を突《つ》きさされて痛《いた》む

篆文《てんぶん》	金文《きんぶん》

「惜敗《せきはい》」や「惜別《せきべつ》」、とにかくおしい感《かん》じね。

「惜《せき》」は、「心《こころ》」を意味《いみ》する「忄《りっしんべん》」と、「刀《かたな》で突《つ》きさす」という意味《いみ》の「刺《せき》」と音《おん》が同《おな》じ「昔《せき》」とをあわせた字《じ》で、もとは「心《こころ》を突《つ》きさされて痛《いた》む」という意味《いみ》なんじゃ。そこから意味《いみ》が広《ひろ》がって「おしむ」という意味《いみ》でも使《つか》われるようになったのじゃ。

ぼくは、不死身《ふじみ》で鉄《てつ》のハートだから、心《こころ》を突《つ》きさされても平気《へいき》だよ。

それだけ負《ま》け惜《お》しみが強《つよ》かったらだいじょうぶよ！

俵

音《おん》	ヒョウ
訓《くん》	たわら
部首《ぶしゅ》	人(にんべん)
画数《かくすう》	10画《かく》

もとの意味《いみ》

身軽《みがる》な人《ひと》

篆文《てんぶん》	金文《きんぶん》

「俵《たわら》」って、ワラでできたお米《こめ》を入《い》れるふくろのことよね。

あと、すもうの土俵《どひょう》もあるよ。

「俵《ひょう》」は、人《ひと》を表《あらわ》す「亻《にんべん》」と、「軽《かる》くはずむ」という意味《いみ》の「剽《ひょう》」と音《おん》が同《おな》じ「表《ひょう》」をあわせた字《じ》で、もとは「身軽《みがる》な人《ひと》」という意味《いみ》じゃ。

おすもうさんとはイメージがちがうね。

俵《ひょう》は、「米《こめ》を包《つつ》む」という意味《いみ》の「包《ほう》」に音《おん》が近《ちか》いから、当《あ》て字《じ》で使《つか》われ「米用《こめよう》のわらぶくろ」という意味《いみ》になったんじゃ。力士《りきし》がすもうをとる場所《ばしょ》は、土《つち》をつめた俵《たわら》で囲《かこ》んでいるから土俵《どひょう》なんじゃやな。

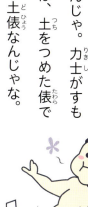

包

音《おん》	ホウ
訓《くん》	つつ(む)
部首《ぶしゅ》	勹(つつみがまえ)
画数《かくすう》	5画《かく》

もとの意味《いみ》

母親《ははおや》がおなかに赤《あか》ちゃんを身《み》ごもってつつむ

篆文《てんぶん》	金文《きんぶん》

「包装《ほうそう》」「包帯《ほうたい》」「包囲《ほうい》」など、何《なに》かを包《つつ》んだり囲《かこ》んだりする感《かん》じね。

それ以外《いがい》は思《おも》いつかないや。

「包《ほう》」の旧字体《きゅうじたい》は「包《ほう》」。体《からだ》を曲《ま》げて包《つつ》む形《かたち》を表《あらわ》す「勹《つつみがまえ》」と、「赤《あか》ちゃんの形《かたち》がまだできていないこと」を意味《いみ》する「巳《し》」をあわせた字《じ》で、「母親《ははおや》がおなかに赤《あか》ちゃんを身《み》ごもってつつむ」という意味《いみ》じゃ。それが次第《しだい》に、「身《み》ごもる」の意味《いみ》が消《き》えてきて、単《たん》に「つつむ」という意味《いみ》になったわけじゃ。

ええー！ 包《ほう》という字《じ》の中《なか》に赤《あか》ちゃんがいたなんてビックリした～。

篆文《てんぶん》を見《み》ると、よくわかるね。

危

音《おん》	キ
訓《くん》	あぶ(ない)・あや(うい)・あや(ぶむ)
部首《ぶしゅ》	卩(ふしづくり)
画数《かくすう》	6画《かく》

もとの意味《いみ》

屋根《やね》の上《うえ》でひざまずく

篆文《てんぶん》	金文《きんぶん》

「危険《きけん》」や「危機《きき》」「危害《きがい》」とデンジャラスなふんいきがぷんぷんしてくるわ。

篆文《てんぶん》をごらん。「危《き》」は屋根《やね》の上《うえ》でひざまずく形《かたち》を表《あらわ》した「⺈厂」と、ひざまずく人《ひと》を表《あらわ》した「㔾《ふしづくり》」とをあわせた字《じ》じゃ。不安定《ふあんてい》で落《お》ちるかもしれないことから「あぶない」という意味《いみ》になったんじゃ。

たしかに、こわくて手《て》をついているように見《み》える。

「君子危《くんしあや》うきに近寄《ちかよ》らず」よね。

まあまあ。「危《あぶ》ない橋《はし》も一度《いちど》は渡《わた》れ」ともいうんじゃよ。

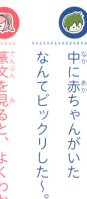

億

音《おん》	オク
部首《ぶしゅ》	人(にんべん)
画数《かくすう》	15画《かく》

もとの意味《いみ》

心《こころ》が満足《まんぞく》した人《ひと》

篆文《てんぶん》	金文《きんぶん》

宝《たから》くじのポスターでよく見《み》かけるよ。「賞金《しょうきん》六億円《おくえん》」!

「億《おく》」は、人《ひと》を表《あらわ》す「亻《にんべん》」と、「心《こころ》が満《み》ち足《た》りる」という意《い》味《み》の「意《おく》」をあわせた字《じ》で、もとは「心《こころ》が満足《まんぞく》した人《ひと》」という意味《いみ》じゃ。のちに「人《ひと》」という意味《いみ》が消《き》えて「数《かず》が満《み》ちて多《おお》い、非常《ひじょう》に大《おお》きな数《かず》」となり、数《かず》の単位《たんい》となったのじゃ。

ただの数《かず》の単位《たんい》文字《もじ》かと思《おも》ったら、深《ふか》い意《い》味《み》があったなんて……。

億万長者《おくまんちょうじゃ》というのは、心《こころ》も財布《さいふ》もタップリと満《み》たされた人《ひと》なんだね。

親

音《おん》	シン
訓《くん》	おや・した(しい)・した(しむ)
部首《ぶしゅ》	見(みる)
画数《かくすう》	16画《かく》

もとの意味《いみ》

同《おな》じ名字《みょうじ》の身近《みぢか》な人《ひと》、親族《しんぞく》

篆文《てんぶん》	金文《きんぶん》
	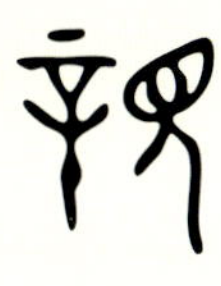

「親《おや》」といえば、お父《とう》さんとお母《かあ》さんだ。

「親切《しんせつ》」や「親友《しんゆう》」には親《した》しいという意味《いみ》もあるわね。

「親《しん》」は、「目《め》で見《み》る」という意味《いみ》の「見《けん》」と、「名字《みょうじ》が同《おな》じ」という意味《いみ》の「亲《しん》」とをあわせた字《じ》で、もとは「同《おな》じ名字《みょうじ》の身近《みぢか》な人《ひと》、親族《しんぞく》」という意味《いみ》じゃ。やがて親族《しんぞく》の中《なか》でも、父《ちち》と母《はは》だけを指《さ》すようになったんじゃよ。

親族《しんぞく》のように身近《みぢか》なのが親《した》しい関係《かんけい》というわけね。

ぼく、親《おや》からよくしかられているけど。

「打《う》たれても親《おや》の杖《つえ》」じゃよ。親《した》しいからこそしかるんじゃ。

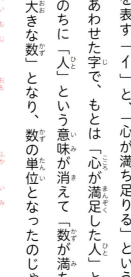

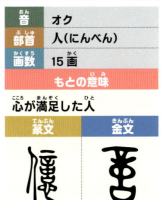

七

音《おん》	シチ
訓《くん》	まま・なな(つ)・なの
部首《ぶしゅ》	一(いち)
画数《かくすう》	2画《かく》

もとの意味《いみ》

細《こま》かく切《き》り分《わ》ける

篆文《てんぶん》	金文《きんぶん》

数字《すうじ》の7《セブン》だね。

「七《しち》」の金文《きんぶん》の形《かたち》は「十《じゅう》」に似《に》ているわ。

金文《きんぶん》は横棒《よこぼう》を中央《ちゅうおう》から縦《たて》に切断《せつだん》することを表《あらわ》した字《じ》で、もとは「細《こま》かく切《き》り分《わ》ける」という意味《いみ》じゃ。数字《すうじ》の7を表《あらわ》していた「折《しつ》」と「七《しち》」の音《おん》が似《に》ていたので、当《あ》て字《じ》で使《つか》われるようになって、「七《しち》」が数《かず》を表《あらわ》す漢字《かんじ》となったんじゃ。

「七《しち》」が細《こま》かく切《き》り分《わ》けるという意味《いみ》だなんて思《おも》ってもいなかった。

今後《こんご》、ケーキやピザを七《なな》つに切《き》り分《わ》けるときは、「七《しち》」のルーツを知《し》っていることを家族《かぞく》に自《じ》まんしてみるわ。

刊

音《おん》	ケイ
部首《ぶしゅ》	刀(りっとう)
画数《かくすう》	6画《かく》

もとの意味《いみ》

刀《かたな》で木《き》をほり起《お》こしてけずる

篆文《てんぶん》	金文《きんぶん》

「新刊《しんかん》」「朝刊《ちょうかん》」など、本《ほん》や雑誌《ざっし》・新聞《しんぶん》のイメージね。

「刊《かん》」は、刀《かたな》を表《あらわ》す「刂《りっとう》」と、「ほり起《お》こす」という意味《いみ》の「干《かん》」をあわせた字《じ》で、もとは「刀《かたな》で木《き》をほり起《お》こしてけずる」という意味《いみ》じゃ。当時《とうじ》の中国《ちゅうごく》では木《き》の板《いた》に文字《もじ》をほって、そこに墨《すみ》をぬり、紙《かみ》に印刷《いんさつ》していたことから、「出版《しゅっぱん》」という意味《いみ》ももつようになったのじゃ。

木版印刷《もくはんいんさつ》ね。そういえば、博物館《はくぶつかん》で法隆寺《ほうりゅうじ》の「百万塔陀羅尼《ひゃくまんとうだらに》*1」を見《み》たことがあるわ。

銅版《どうはん》*2とも言《い》われておるの。制作年代《せいさくねんだい》が確定《かくてい》するものの中《なか》では、現存《げんぞん》する世界《せかい》最古《さいこ》の印刷物《いんさつぶつ》じゃよ。

*1 奈良時代《ならじだい》、称徳天皇《しょうとくてんのう》が印刷《いんさつ》したお経《きょう》を小《ちい》さな塔《とう》の中《なか》に納《おさ》めたもの。

*2 木《き》の板《いた》ではなく、銅《どう》の板《いた》に文字《もじ》を鋳造《ちゅうぞう》して印刷《いんさつ》したもの。

法

音《おん》	ホウ・ハッ・ホッ
部首《ぶしゅ》	水(さんずい)
画数《かくすう》	8画《かく》

もとの意味《いみ》

水《みず》が外《そと》に流《なが》れないよう囲《かこ》む

篆文《てんぶん》	金文《きんぶん》

「法律《ほうりつ》」「法令《ほうれい》」「憲法《けんぽう》」……社会《しゃかい》の規律《きりつ》を守《まも》るための決《き》まりが「法《ほう》」ね。

「法」は、「水平《すいへい》・公平《こうへい》」という意味《いみ》の「氵《さんずい》」と、「まわりを囲《かこ》む」という意味《いみ》の「阹《きょ》」と同《おな》じ音《おん》の「去《きょ》」とをあわせた字《じ》で、もとは「水《みず》が外《そと》に流《なが》れないよう囲《かこ》む」という意味《いみ》じゃ。水《みず》が流《なが》れないように囲《かこ》むことから、人々《ひとびと》の勝手《かって》な行動《こうどう》を抑《おさ》えこむための一定《いってい》の枠《わく》を組《く》み、つまり「定《さだ》め」「決《き》まり」の意味《いみ》で使《つか》われるようになったのじゃ。

ホウー。

監

音《おん》	カン
部首《ぶしゅ》	皿(さら)
画数《かくすう》	15画《かく》

もとの意味《いみ》

水《みず》を入《い》れた皿《さら》の水面《すいめん》に映《うつ》った姿《すがた》を見《み》る

篆文《てんぶん》	金文《きんぶん》

「監督《かんとく》」「監査《かんさ》」「監修《かんしゅう》」。上《うえ》に立《た》って指導《しどう》するイメージがあるわ。「監獄《かんごく》」や「監禁《かんきん》」は、こわいけど。

金文《きんぶん》をごらん。「監《かん》」は、人《ひと》が大目玉《おおめだま》を見開《みひら》いて水《みず》の入《はい》った皿《さら》を見《み》つめている姿《すがた》の象形文字《しょうけいもじ》で、もともと「水《みず》を入《い》れた皿《さら》の水面《すいめん》に映《うつ》った姿《すがた》を見《み》る」という意味《いみ》じゃ。

たしかに足《あし》のついた器《うつわ》に水《みず》が入《はい》っているわ。

そうじゃ。のちに水鏡《みずかがみ》の意味《いみ》が消《き》えて、ただ「見《み》る」「かんがみる」という意味《いみ》になったんじゃ。

大目玉《おおめだま》を見開《みひら》くと、よく見《み》えそうだけど、顔《かお》はこわいね……。

段

音《おん》	ダン
部首《ぶしゅ》	殳(ほこづくり)
画数《かくすう》	10画《かく》

もとの意味《いみ》

竹《たけ》のつえ(むち)でたたく

篆文《てんぶん》	金文《きんぶん》

「階段《かいだん》」「段階《だんかい》」や「段落《だんらく》」ね。

「段《だん》」の字《じ》の左側《ひだりがわ》の「へん」は階段《かいだん》の形《かたち》にも見《み》えるよ。

「段《だん》」は、「竹《たけ》を束《たば》ねたつえ」を意味《いみ》する「殳《ほこづくり》」と、「たたいて分《わ》ける」という意味《いみ》の「𠂤《たん》」をあわせた字《じ》で、もとは「竹《たけ》のつえ（むち）でたたく」という意味《いみ》じゃ。物《もの》をたたいて分《わ》けることから、のちに「くぎり」「階段《かいだん》」の意味《いみ》になったんじゃよ。

段《だん》にそんな意味《いみ》があったなんて！　ビックリだわ。

段々《だんだん》、漢字《かんじ》のおもしろさがわかってきたよー。

敗

音《おん》	ハイ
訓《くん》	やぶ(れる)
部首《ぶしゅ》	攵(のぶん)
画数《かくすう》	11画《かく》

もとの意味《いみ》

ばらばらにくずれるまで打《う》ちこわす

篆文《てんぶん》	金文《きんぶん》

「敗北《はいぼく》」「敗退《はいたい》」「敗者《はいしゃ》」「失敗《しっぱい》」……とにかく負《ま》ける、という意味《いみ》ね。

「敗《はい》」はもとは、「棒《ぼう》で打《う》つ」という意味《いみ》の「攵《のぶん》」と、「くずれる」という意味《いみ》の「壊《かい》」と音《おん》が似《に》ている「貝《はい》」をあわせた字《じ》で、「ばらばらにくずれるまで打《う》ちこわす」という意味《いみ》じゃった。そこから「敗《やぶ》れる」「負《ま》ける」の意味《いみ》になったんじゃ。

そんなに打《う》ち負《ま》かされたら、もう立《た》ち直《なお》れないな。

まあ「負《ま》けるが勝《か》ち」とも言《い》うし、「失敗《しっぱい》は成功《せいこう》のもと」なのじゃよ。

保

音《おん》	ホ
訓《くん》	たも(つ)
部首《ぶしゅ》	人(にんべん)
画数《かくすう》	9画《かく》

もとの意味《いみ》

赤《あか》ちゃんをおんぶする

篆文《てんぶん》	金文《きんぶん》

「保険《ほけん》」「保護《ほご》」「保存《ほぞん》」と、何《なに》かを守《まも》る意味《いみ》で共通《きょうつう》しているわね。

「保《ほ》」は、赤《あか》ちゃんをおくるみ*に入《い》れて背負《せお》う姿《すがた》を表《あらわ》した象形文字《しょうけいもじ》じゃ。金文《きんぶん》の形《かたち》を見《み》てごらん。

たしかに、赤《あか》ちゃんをおんぶしているように見《み》えるね。

幼《おさな》い子《こ》を大切《たいせつ》に背負《せお》うことから「守《まも》る」「保《たも》つ」という意味《いみ》になったんじゃ。保護者《ほごしゃ》や保育《ほいく》はまさにその意味《いみ》じゃな。

ぼくも久《ひさ》しぶりにおんぶされたいなあ。

ええっ!? 保育士《ほいくし》さんがつぶれちゃうわよ！

＊生後間《せいごま》もない赤《あか》ちゃんを包《つつ》む布《ぬの》。

博士《はかせ》の漢字《かんじ》コラム

世界《せかい》のいろいろな文字《もじ》

漢字《かんじ》のほか、世界《せかい》ではいろいろな文字《もじ》が使《つか》われているぞ。英語《えいご》やスペイン語《ご》やフランス語《ご》など、多《おお》くの言語《げんご》で使《つか》われているABCDEFG……はラテン文字《もじ》といって、世界《せかい》で使用者数《しようしゃすう》は第《だい》一位《い》じゃ。二位《い》が漢字《かんじ》で、三位《い》が日本《にほん》の小学《しょうがく》生《せい》にはなじみがうすいじゃろうが、アラビア語《ご》やペルシャ語《ご》などのイスラム文化《ぶんか》の地域《ちいき》の言語《げんご》で使《つか》われているものアラビア文字《もじ》じゃ。

ロシア語《ご》などのスラブ系言《けいげん》語《ご》で使《つか》われるキリル文字《もじ》、ヒンディー語《ご》などで使《つか》われるデバナガリ文字《もじ》、ギリシャ語《ご》で使《つか》われるギリシャ文字《もじ》、韓国《かんこく》語《ご》（朝鮮語《ちょうせんご》）で使《つか》われるハングルも、グローバル時代《じだい》を生《い》きる小学生《しょうがくせい》なら知《し》っておきたいところじゃ。

衣食住《いしょくじゅう》にかかわる漢字《かんじ》

漢字《かんじ》は、その当時《とうじ》の人《ひと》びとのくらしと結《むす》びついておる。とくに食《た》べものをルーツとするものは多《おお》いぞ！　肉《にく》や煮《に》物《もの》、お酒《さけ》などさまざまなモノから漢字《かんじ》が生《う》まれた。

郷

音《おん》	キョウ・ゴウ
部首《ぶしゅ》	邑(おおごと)
画数《かくすう》	11画《かく》

もとの意味《いみ》

食器《しょっき》を間《あいだ》に置《お》いて向《む》きあって座《すわ》って食《た》べている

篆文《てんぶん》	金文《きんぶん》
	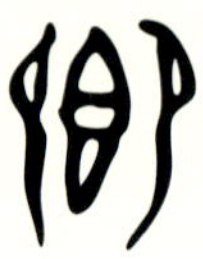

「故郷《こきょう》」「郷土《きょうど》」「郷愁《きょうしゅう》」は、ふるさとね。

「郷《きょう》」の旧字体《きゅうじたい》（↓15ページ）は「鄕《きょう》」で、「こうばしい食《た》べものを入《い》れた食器《しょっき》」という意味《いみ》の「皀《きょう》」と、二人《ふたり》の人《ひと》がひざまずいて向《む》かいあう形《かたち》を表《あらわ》した「卯《きょう》」（𨙨《きょう》）とをあわせた字《じ》で、人《ひと》が「食器《しょっき》を間《あいだ》に置《お》いて向《む》きあって座《すわ》って食《た》べている」という意味《いみ》じゃ。向《む》きあって会話《かいわ》が行《ゆ》き交《か》う食卓《しょくたく》から、やがて邑《むら》（村《むら》）の人《ひと》が行《ゆ》き交《か》う「村里《むらざと》」「集落《しゅうらく》」へと意味《いみ》が広《ひろ》がったのじゃろう。さて、問題《もんだい》じゃ。歌人《かじん》の石川啄木《いしかわたくぼく》が停車場《ていしゃば》の人《ひと》ごみの中《なか》に聴《き》きにいくのはなんじゃろう？

あっ！　教科書《きょうかしょ》にのっていたから知《し》っているよ！　「ふるさとの訛《なまり》」でしょ？

郷土《きょうど》料理《りょうり》と故郷《こきょう》の訛《なまり》は、たまにあじわいたいものじゃ。

人《ひと》の動作《どうさ》からできた漢字《かんじ》
衣食住《いしょくじゅう》にかかわる漢字《かんじ》
動物《どうぶつ》や植物《しょくぶつ》が由来《ゆらい》の漢字《かんじ》
自然現象《しぜんげんしょう》が由来《ゆらい》の漢字《かんじ》
もとはワルくない漢字《かんじ》
じつはコワい漢字《かんじ》

有

音《おん》	ユウ・ウ
訓《くん》	あ(る)
部首《ぶしゅ》	肉(にく)
画数《かくすう》	6画《かく》

もとの意味《いみ》

けものの肉《にく》を手《て》に持《も》ってつき出《だ》し、食《た》べるようすすめる

篆文《てんぶん》	金文《きんぶん》

「有名《ゆうめい》」「有力《ゆうりょく》」「有益《ゆうえき》」。何《なに》かがある、存在《そんざい》しているという意味《いみ》で使《つか》われているわ。

ない、の反対《はんたい》だね。

肉《にく》を表《あらわ》す「月《にくづき》」と、手《て》を表《あらわ》す「⺕《ゆう》」をあわせた字《じ》で、もとは「けものの肉《にく》を手《て》に持《も》ってつき出《だ》し、食《た》べるようすすめる」という意味《いみ》じゃ。そこから、ものを「持《も》っている」、ものが「ある」という意味《いみ》になったんじゃよ。

へええ。じゃクイズね。「いるけど無《な》いもの」と「有《あ》るけどいないもの」はなーんだ？

そんなのかんたん！　ユーレイの足《あし》とユーレイの影《かげ》よ！

喜

音《おん》	キ
訓《くん》	よろこ(ぶ)
部首《ぶしゅ》	口(くち)
画数《かくすう》	12画《かく》

もとの意味《いみ》

やわらかく煮《に》た食物《しょくもつ》を口《くち》に入《い》れる

篆文《てんぶん》	金文《きんぶん》

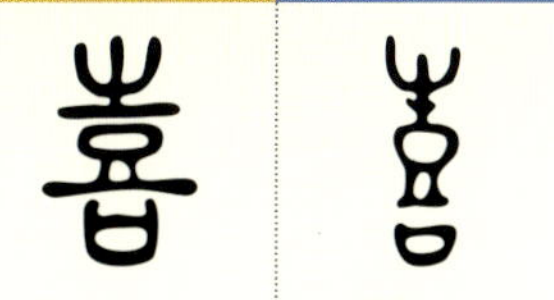

「喜劇《きげき》」「歓喜《かんき》」「驚喜《きょうき》」。とにかく喜《よろこ》ぶ感《かん》じね。

うれしい気持《きも》ちになる漢字《かんじ》だね。

「喜《き》」は、「口《こう》」と、「やわらかく煮《に》る」という意味《いみ》の「煮《しゃ》」と音《おん》が似《に》ている「壴《ちゅ》」をあわせた字《じ》で、もとは「やわらかく煮《に》た食物《しょくもつ》を口《くち》に入《い》れる」という意味《いみ》じゃ。よく煮《に》えたおいしいものを食《た》べることから「喜《よろこ》ぶ」という意味《いみ》になったんじゃな。

たしかに、おいしい煮物《にもの》を食《た》べるとうれしくなるわ。

でも給食《きゅうしょく》の煮物《にもの》は一喜一憂《いっきいちゆう》なんだ……。

どうして？

シイタケは大好《だいす》きだけど、さといもはちょっと苦手《にがて》(>_<)

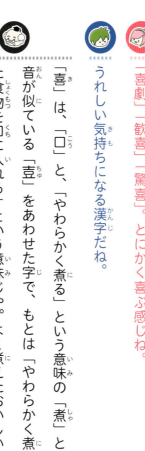

氏

音《おん》	シ
訓《くん》	うじ
部首《ぶしゅ》	氏(うじ)
画数《かくすう》	4画《かく》

もとの意味《いみ》

先《せん》たんをうすくするどくしたスプーン

篆文《てんぶん》	金文《きんぶん》

「氏名《しめい》」の氏《し》ね。源氏《げんじ》や徳川氏《とくがわし》のように同《おな》じ一族《いちぞく》を表《あらわ》しているわ。

金文《きんぶん》をごらん。「氏《し》」は、先《せん》たんをうすくするどくしたスプーンを表《あらわ》した象形文字《しょうけいもじ》じゃ。「血《ち》を分《わ》けた仲間《なかま》」という意味《いみ》の「𠂤《し》」と音《おん》が同《おな》じだったため、当《あ》て字《じ》として使《つか》われ「うじ」という意味《いみ》になったんじゃよ。

そうなのね。じゃあ問題《もんだい》。紫式部《むらさきしきぶ》の『源氏物語《げんじものがたり》』の主人公《しゅじんこう》はだーれ？

光源氏《ひかるげんじ》！　ぼくも「光《ひか》る君《きみ》」のような貴族《きぞく》になりたいなぁ……。

いや、「氏《うじ》より育《そだ》ち」が大事《だいじ》じゃよ。

去

音《おん》	キョ・コ
訓《くん》	さ(る)
部首《ぶしゅ》	ム(む)
画数《かくすう》	5画《かく》

もとの意味《いみ》

ふたのある飯入《めしい》れ容器《ようき》

篆文《てんぶん》	金文《きんぶん》

「去年《きょねん》」「過去《かこ》」「除去《じょきょ》」。過《す》ぎさってしまったり、取《と》りさってしまったりすることね。

「去《きょ》」の篆文《てんぶん》を見《み》てごらん。飯《めし》を入《い》れる器《うつわ》の「U」と、ふたを表《あらわ》す「大」じゃ。もとは「ふたのある飯入《めしい》れ容器《ようき》」という意味《いみ》じゃ。器《うつわ》から飯《めし》を取《と》り除《のぞ》くことから「さる」という意《い》味《み》になったんじゃよ。

ごはんが去《さ》っていったのね。

ごはんの話《はなし》をしていたら なんだかお腹《なか》がすいてきたよ。

空腹《くうふく》は最高《さいこう》のソースじゃよ。

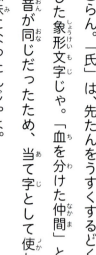

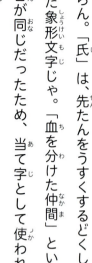

尊

音《おん》	ソン
訓《くん》	たっと(い)・とうと(い)・たっと(ぶ)・とうと(ぶ)
部首《ぶしゅ》	寸(すん)
画数《かくすう》	12画《かく》

もとの意味《いみ》

酒《さけ》をすすめる

篆文《てんぶん》	金文《きんぶん》

「尊敬《そんけい》」「尊重《そんちょう》」「尊厳《そんげん》」。心《こころ》からうやまうことね。

「尊《そん》」は、酒《さけ》つぼを表《あらわ》す「酉《ゆう》」と、「すすめる」という意味《いみ》の「羞《しゅう》」と音《おん》が似《に》ている「寸《そん》」をあわせた字《じ》で、もとは「酒《さけ》をすすめる」という意味《いみ》じゃ。「敬《うやま》う」という意味《いみ》の「崇《すう》」とも音《おん》が似《に》ていたため、当《あ》て字《じ》で使《つか》われるうちに「尊《とうと》ぶ」「尊《とうと》い」という意味《いみ》に広《ひろ》がった。さあ、「尊《そん》」を使《つか》った四字熟語《よじじゅくご》をあげるのじゃ！

唯我独尊《ゆいがどくそん》！　独立自尊《どくりつじそん》！

足利尊氏《あしかがたかうじ》!!

もー！　それは人名《じんめい》でしょ!?

西

音《おん》	セイ・サイ
訓《くん》	にし
部首《ぶしゅ》	襾(おおいかんむり)
画数《かくすう》	6画《かく》

もとの意味《いみ》

酒《さけ》をしぼる竹《たけ》かご

篆文《てんぶん》	金文《きんぶん》

四方位《しほうい》のひとつの「西《にし》」ね。

前《まえ》に「北《きた》」が出《で》てきたね（→31ページ）。

金文《きんぶん》の形《かたち》を見《み》てごらん。「西《せい》」は酒《さけ》かすをしぼるのに使《つか》う竹《たけ》かごの象形文字《しょうけいもじ》じゃ。かごから酒《さけ》のしずくが落《お》ちる様子《ようす》から、のちに「夕陽《ゆうひ》が落《お》ちて行《い》く方角《ほうがく》の西《にし》」の意味《いみ》になったのじゃ。

西陽《にしび》にしずくが照《て》らされてきれいなイメージね。「冬来《ふゆき》たりなば春遠《はるとお》からじ」……。

おお！　シェリー*の『西風《にしかぜ》に寄《よ》せる歌《うた》』じゃな！

＊一九世紀前半《せいきぜんはん》に活《かつ》やくしたイギリスのロマン派詩人《はしじん》。

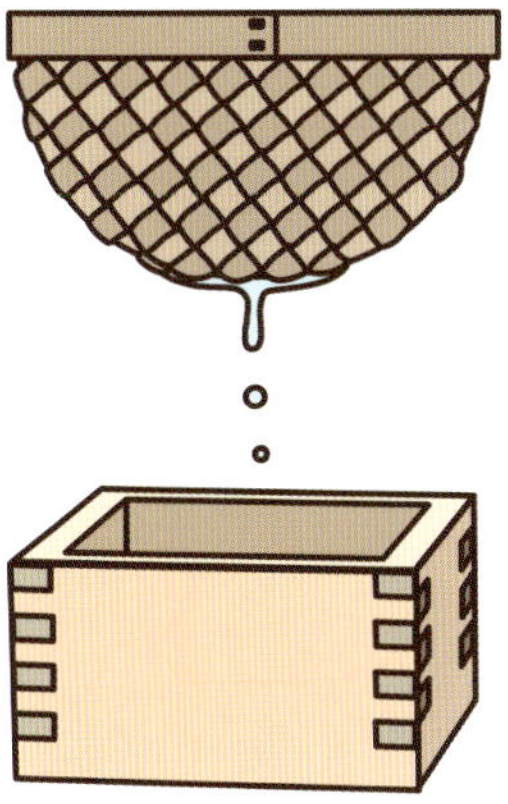

福

音《おん》	フク
部首《ぶしゅ》	示(しめす)
画数《かくすう》	13画《かく》

もとの意味《いみ》

お祭《まつ》りで分《わ》け与《あた》えられるお神酒《みき》

篆文《てんぶん》	金文《きんぶん》

「幸福《こうふく》」「祝福《しゅくふく》」「裕福《ゆうふく》」。幸《しあわ》せで豊《ゆた》かな感《かん》じね。

運《うん》が良《よ》くてラッキーな感《かん》じもあるよ。

「福《ふく》」の旧字体《きゅうじたい》は「福《ふく》」じゃ。神《かみ》を表《あらわ》す「示《しめすへん》」と、酒《さけ》を入れるつぼを表《あらわ》す「畐《ふく》」をあわせた字《じ》で、もともとは「お祭《まつ》りで分《わ》け与《あた》えられるお神酒《みき》」の意味《いみ》じゃった。のちに酒《さけ》の意味《いみ》が消《き》えて、「神《かみ》が与《あた》えてくれる幸《しあわ》せ」の意味《いみ》になったんじゃ。

神様《かみさま》が幸《しあわ》せを運《はこ》んでくれるんだね！

「捨《す》てる神《かみ》あれば拾《ひろ》う神《かみ》あり」、神様《かみさま》もいろいろだから頼《たよ》ってばかりではだめじゃ。

博士《はかせ》の漢字《かんじ》コラム

この食《た》べ物《もの》、この漢字《かんじ》

食《た》べ物《もの》の漢字表記《かんじひょうき》は、知《し》らないと読《よ》めないものが多《おお》い。たとえば、瓜《うり》シリーズ。うれると黄色《きいろ》くなる「黄瓜《きうり》」はキュウリ。西《にし》(中国《ちゅうごく》の西《にし》・中央《ちゅうおう》アジア)から伝来《でんらい》した「西瓜《にしうり》」はスイカ、南《みなみ》(中国《ちゅうごく》の南《みなみ》・東南《とうなん》アジア・ベトナム)から来《き》た「南瓜《みなみうり》」はカボチャ、せんい質《しつ》が多《おお》い「糸瓜《いとうり》」はヘチマ、甘《あま》いという意味《いみ》の「甜《てん》」をつけた「甜瓜《てんか》」はメロンじゃ。キュウリは異民族《いみんぞく》という意味《いみ》の「胡《こ》」をつけて「胡瓜《きゅうり》」とも書《か》く。桃《もも》シリーズは、「胡桃《こもも》」と書《か》けばクルミ。「桜桃《おうとう》」ならサクランボ。うすくて平《ひら》たいという意《い》味《み》の「扁《へん》」をつけた「扁桃《へんとう》」ならアーモンド。中国《ちゅうごく》を表《あらわ》す「唐《とう》」をつけた「唐桃《とうもも》」はアンズ(杏《あんず》)じゃ。「焼売《しゅうまい》」「叉焼《ちゃーしゅー》」「雲呑《わんたん》」「青椒肉絲《ちんじゃおろーす》」など、中国読《ちゅうごくよ》みのまま日本《にほん》で広《ひろ》がった食《た》べ物《もの》の漢字《かんじ》も多《おお》いぞ。

西+瓜=
南+瓜=
黄+瓜=
糸+瓜=
甜+瓜=

六

音《おん》	ロク
訓《くん》	む・む(つ)・むっ(つ)・むい
部首《ぶしゅ》	八(はち)
画数《かくすう》	4画《かく》

もとの意味《いみ》

家屋《かおく》のかたち

篆文《てんぶん》	金文《きんぶん》

数字《すうじ》の6だ。

「六《ろく》」は「家屋《かおく》の形《かたち》」を表《あらわ》した象形文字《しょうけいもじ》じゃ。金文《きんぶん》を見《み》てごらん。

あっ、たしかに家《いえ》みたい。

もともと数字《すうじ》の6を表《あらわ》す漢字《かんじ》は、「にぎりこぶし」を意味《いみ》する「握《あく》」だった。そのうち「握《あく》」に形《かたち》が似《に》ている「屋《おく》」と音《おん》が近《ちか》い「六《ろく》」が当《あ》て字《じ》として使《つか》われるようになって「むっつ」という意味《いみ》になったのじゃよ。

ムッツカシイね！

完

音《おん》	カン
部首《ぶしゅ》	宀(うかんむり)
画数《かくすう》	7画《かく》

もとの意味《いみ》

家《いえ》の周《まわ》りに設《もう》けた垣根《かきね》

篆文《てんぶん》	金文《きんぶん》

「完全《かんぜん》」「完成《かんせい》」「完了《かんりょう》」。パーフェクト感《かん》に満《み》ち満《み》ちているわ。

「完《かん》」は、家《いえ》を表《あらわ》す「宀《うかんむり》」と、「周《まわ》りをとりまく垣根《かきね》」という意味《いみ》の「垣《かん》」と同《おな》じ音《おん》の「元《かん》」をあわせた字《じ》で、「家《いえ》の周《まわ》りに設《もう》けた垣根《かきね》」の意味《いみ》じゃ。垣根《かきね》をぐるりと、とぎれずに設《もう》けることから「欠《か》けたところがない」、「完全《かんぜん》」の意味《いみ》になったんじゃ。

家《いえ》の周《まわ》りの垣根《かきね》だったら、出入《でい》り口《くち》で一カ所《しょ》はとぎれているよね？

まあ、もののたとえじゃから……。完璧《かんぺき》ではないよ。

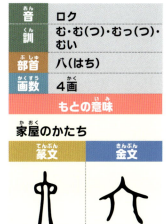

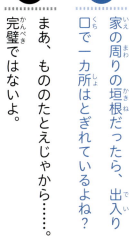

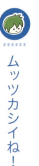

廃

音《おん》	ハイ
訓《くん》	すた(れる)・すた(る)
部首《ぶしゅ》	广(まだれ)
画数《かくすう》	12画《かく》

もとの意味《いみ》

人《ひと》が住《す》まなくなった家《いえ》

篆文《てんぶん》

金文《きんぶん》

「廃止《はいし》」「廃品《はいひん》」「退廃《たいはい》」。止《と》めたり使《つか》えなくなったりと、ネガティブな感《かん》じね。

「廃《はい》」の旧字体《きゅうじたい》は「廢《はい》」。「休止《きゅうし》」という意味《いみ》の「罷《はい》」と同《おな》じ音《おん》だった「發《はい》」と、家《いえ》を表《あらわ》す「广《まだれ》」とをあわせた字《じ》じゃ。もとは「人《ひと》が住《す》まなくなった家《いえ》」という意味《いみ》じゃったが、のちに「廃《すた》れる」という意味《いみ》になったんじゃ。「廃屋《はいおく》」「廃墟《はいきょ》」という言葉《ことば》がこの字《じ》のもとの意味《いみ》をよく表《あらわ》しているぞ。

ニュータウンも、何十年《なんじゅうねん》かたつと廃墟《はいきょ》のようにさびれるよね。

「流行《はや》り物《もの》は廃《すた》り物《もの》」じゃよ。

就

音《おん》	シュウ・ジュ
訓《くん》	つ(く)・つ(ける)
部首《ぶしゅ》	尢(だいのまげあし)
画数《かくすう》	12画《かく》

もとの意味《いみ》

人々《ひとびと》が高《たか》い丘《おか》に集《あつ》まって住《す》みつく

篆文《てんぶん》

金文《きんぶん》

「就職《しゅうしょく》」は職《しょく》に就《つ》くこと、「就任《しゅうにん》」は任務《にんむ》に就《つ》くこと。何《なに》かに就《つ》くという意味《いみ》かな。

「就《しゅう》」は、「高《たか》い丘《おか》」を表《あらわ》す「京《けい》」と、「集《あつ》まる」という意《い》味《み》の「聚《しゅう》」と音《おん》が同《おな》じ「尤《しゅう》」とをあわせた字《じ》じゃ。もとは「人々《ひとびと》が高《たか》い丘《おか》に集《あつ》まって住《す》みつく」という意味《いみ》。そこから「つく」という意味《いみ》にだけ使《つか》われるようになったんじゃよ。

では難読漢字《なんどくかんじ》の問題《もんだい》じゃ。「就中」は何《なん》と読《よ》むかな？

はーい、簡単《かんたん》。「なかんずく」よ。「とりわけ、その中《なか》でもとくに」という意味《いみ》よ。

底

音《おん》	テイ
訓《くん》	そこ
部首《ぶしゅ》	广(まだれ)
画数《かくすう》	8画《かく》

もとの意味《いみ》

山《やま》の下《した》の家《いえ》

篆文《てんぶん》	金文《きんぶん》

「海底《かいてい》」「谷底《たにぞこ》」「底辺《ていへん》」、ものの一番下《いちばんした》を表《あらわ》している感《かん》じね。

「底《てい》」は、家《いえ》を表《あらわ》す「广《まだれ》」と、「山《やま》のふもと」という意味《いみ》の「氐《てい》」をあわせた字《じ》で、もとは「山《やま》の下《した》の家《いえ》」の意味《いみ》じゃ。そこから「ものの一番下《いちばんした》」「もとになるもの」という意味《いみ》に変《か》わったのじゃな。

今日《きょう》は、漢字《かんじ》テストが九八点《てん》で奈落《ならく》の底《そこ》に落《お》ちた気持《きも》ちがしたわ。

ぼくは油断《ゆだん》していたら二五点《てん》だったから次《つぎ》は底力《そこぢから》をだすよ！

向

音《おん》	コウ
訓《くん》	む(く)・む(ける)・む(かう)・む(こう)
部首《ぶしゅ》	口(くち)
画数《かくすう》	6画《かく》

もとの意味《いみ》

家《いえ》の窓《まど》

篆文《てんぶん》	金文《きんぶん》

「方向《ほうこう》」「傾向《けいこう》」「向上《こうじょう》」。ある方面《ほうめん》に向《む》かって行《い》く感《かん》じね。

金文《きんぶん》を見《み》てごらん。「向《こう》」は、家《いえ》の北側《きたがわ》にある換気用《かんきよう》の窓《まど》を表《あらわ》す象形文字《しょうけいもじ》で、もとは「家《いえ》の窓《まど》」という意味《いみ》じゃ。食《た》べものをはさんで人《ひと》と人《ひと》が向《む》かいあう形《かたち》を表《あらわ》した「郷《きょう》」(↓44ページ)と音《おん》が似《に》ているから当《あ》て字《じ》で使《つか》われるようになり、「むかう」という意味《いみ》になったんじゃ。

落《お》ち込《こ》んだ気分《きぶん》を向上《こうじょう》させるには、窓《まど》を開《あ》けて換気《かんき》するのが一番《いちばん》だね。

それだけでは、漢字《かんじ》テストの出来《でき》は一向《いっこう》に変《か》わらんぞ。

十

音《おん》	ジュウ・ジッ
訓《くん》	とお・と
部首《ぶしゅ》	十(じゅう)
画数《かくすう》	2画《かく》

もとの意味《いみ》

昔《むかし》の針《はり》

篆文《てんぶん》	金文《きんぶん》

漢数字《かんすうじ》シリーズね。金文《きんぶん》や篆文《てんぶん》は「七《しち》」に近《ちか》いけど二画目《かくめ》が曲《ま》がってないわ。

二という意味《いみ》でも良《よ》さそうだけど。

「十《じゅう》」は、昔《むかし》の「針《はり》」の象形文字《しょうけいもじ》じゃ。数字《すうじ》の10を表《あらわ》す「拾《じゅう》」と音《おん》が同《おな》じなので、当《あ》て字《じ》で使《つか》われていくうちに10という意味《いみ》になったんじゃよ。昔《むかし》の針《はり》は竹《たけ》や動物《どうぶつ》の骨《ほね》で作《つく》られていたが、金属製《きんぞくせい》に変《か》わってから、「十《じゅう》」に「金《きん》」をつけて「針《はり》」という漢字《かんじ》ができたのじゃ。

「今日《きょう》の一針《ひとはり》、明日《あす》の十針《とばり》」を思《おも》い出《だ》すわ。放《ほお》っておくと後《あと》で苦労《くろう》するということよ。

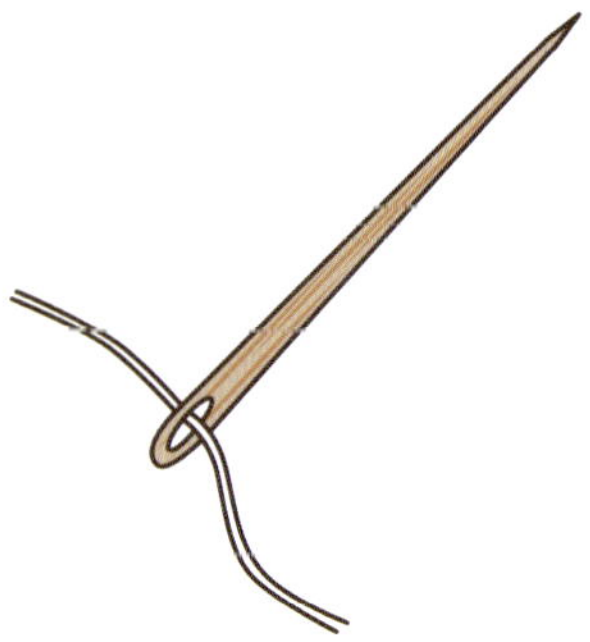

絵

音《おん》	カイ・エ
部首《ぶしゅ》	糸(いと)
画数《かくすう》	12画《かく》

もとの意味《いみ》

さまざまな色《いろ》の糸《いと》をあわせて模様《もよう》をししゅうする

篆文《てんぶん》	金文《きんぶん》

「油絵《あぶらえ》」「絵画《かいが》」。モノの形《かたち》や姿《すがた》を描《えが》いたのが「絵《え》」だね。

「絵《かい》」の旧字体《きゅうじたい》は「繪《かい》」じゃ。「糸《いと》」と、「あわせる」という意味《いみ》の「會《かい》」をあわせた字《じ》で、もとは「さまざまな色《いろ》の糸《いと》をあわせて模様《もよう》をししゅうする」という意味《いみ》じゃ。やがて、ししゅうに限《かぎ》らず「描《えが》いた模様《もよう》」という意味《いみ》になったんじゃ。

どうして「絵《かい》」は糸《いと》へんなのか疑問《ぎもん》だったけど、ししゅうが由来《ゆらい》だったのね。多《おお》くの「糸《いと》」が出《で》「会《あ》」って「絵《え》」になるなんて、ステキだわ！

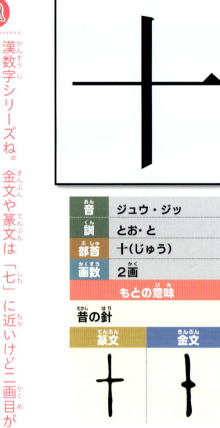

表

音《おん》	ヒョウ
訓《くん》	おもて・あらわ(す)・あらわ(れる)
部首《ぶしゅ》	衣(ころも)
画数《かくすう》	8画《かく》

もとの意味《いみ》

体《からだ》をおおって包《つつ》む外側《そとがわ》の着物《きもの》

篆文《てんぶん》	金文《きんぶん》

「表面《ひょうめん》」「表紙《ひょうし》」「表情《ひょうじょう》」。一番外側《いちばんそとがわ》の部分《ぶぶん》ね。

「表《ひょう》」は、衣服《いふく》を表《あらわ》す「衣《い》」と、「おおい包《つつ》む」という意味《いみ》の「毛《もう》」とをあわせた字《じ》じゃ。もとは「体《からだ》をおおって包《つつ》む外《そと》側《がわ》の着物《きもの》」という意味《いみ》じゃ。次第《しだい》に衣《ころも》の意味《いみ》が消《き》えて、ただ「外側《そとがわ》」を表《あらわ》す「表《おもて》」の意味《いみ》になったんじゃ。

「表《ひょう》」は今《いま》でいうコートやジャンパーの意味《いみ》だったのか!

服装《ふくそう》はその人《ひと》を表《あらわ》す、というから、身《み》だしなみにも気《き》をつけなきゃ♪

初

音《おん》	ショ
訓《くん》	はじ(め)・はじ(めて)・はつ・うい・そ(める)
部首《ぶしゅ》	刀(かたな)
画数《かくすう》	7画《かく》

もとの意味《いみ》

布地《ぬのじ》を刀《かたな》で裁断《さいだん》する、切《き》る

篆文《てんぶん》	金文《きんぶん》
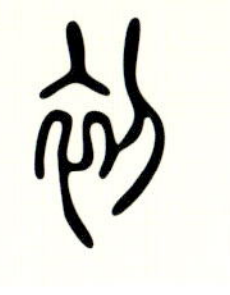	

「最初《さいしょ》」「初期《しょき》」「初夏《しょか》」。ものごとのはじめや、はじめてという意味《いみ》だね。

「初《しょ》」は、布《ぬの》を表《あらわ》す「ネ《ころもへん》」と「刀《かたな》」をあわせた字《じ》で、もとは「布地《ぬのじ》を刀《かたな》で裁断《さいだん》する、切《き》る」という意味《いみ》じゃった。布《ぬの》の裁断《さいだん》は、衣服作《いふくづく》りの最初《さいしょ》の作業《さぎょう》ということで、「初《はじ》め」の意味《いみ》へと広《ひろ》がっていったのじゃ。

布《ぬの》を切《き》るのが「初《はつ》」の最初《さいしょ》の意味《いみ》だったとは、初耳《はつみみ》だわ。

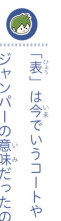

動物《どうぶつ》や植物《しょくぶつ》が由来《ゆらい》の漢字《かんじ》

犬《いぬ》や牛《うし》などの身近《みぢか》な動物《どうぶつ》から鳳凰《ほうおう》など空想《くうそう》の巨鳥《きょちょう》まで、漢字《かんじ》のルーツとなった生《い》き物《もの》はジャンルを問《と》わぬのじゃ。イネや水草《みずくさ》など植物系漢字《しょくぶつけいかんじ》もたっぷりしょうかいするぞ。

独

音《おん》	ドク
訓《くん》	ひと(り)
部首《ぶしゅ》	犬(けものへん)
画数《かくすう》	9画《かく》

もとの意味《いみ》

二《に》ひきの犬《いぬ》が一《ひと》つになる

篆文《てんぶん》	金文《きんぶん》
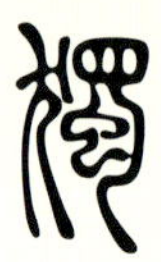	

「独立《どくりつ》」「独身《どくしん》」「単独《たんどく》」。どれも一人《ひとり》という意味《いみ》ね。

一人《ひとり》はいいけど、孤独《こどく》はいやだなあ。

「独《どく》」の旧字体《きゅうじたい》(↓15ページ)は「獨《どく》」じゃ。犬《いぬ》を表《あらわ》す象形文字《しょうけいもじ》の「犭《けものへん》」と、「一《ひと》つ」という意味《いみ》の「特《とく》」と同《おな》じ音《おん》の「蜀《とく》」をあわせた字《じ》で、二ひきの犬《いぬ》が取《と》っ組《く》みあいのケンカをして、どちらがどちらか区別《くべつ》がつかない様子《ようす》を表《あらわ》しておる。もとは「二ひきの犬《いぬ》が一《ひと》つになる」という意味《いみ》じゃった。そこから「一《ひと》つ」「一人《ひとり》」の意味《いみ》をもつようになったのじゃ。

二ひきの犬《いぬ》が、一《ひと》つのかたまりになるとは、けっこう独創的《どくそうてき》な発想《はっそう》ね。

孤独《こどく》でさびしいときは、犬《いぬ》と取《と》っ組《く》みあって一《ひと》つになろう!!

物

音《おん》	ブツ・モツ
訓《くん》	もの
部首《ぶしゅ》	牛(うしへん)
画数《かくすう》	8画《かく》

もとの意味《いみ》

色《いろ》が混《ま》じったまだらな牛《うし》

篆文《てんぶん》	金文《きんぶん》

「物質《ぶっしつ》」「物体《ぶったい》」「荷物《にもつ》」。牛《うし》へんだから牛《うし》と関係《かんけい》があるのかしら。

「物《ぶつ》」は、動物《どうぶつ》の「牛《うし》」と、「さまざまな色《いろ》が混《ま》じる」という意味《いみ》の「雑《ざつ》」と音《おん》が似《に》ている「勿《ぶつ》」とをあわせた字《じ》で、もとは「色《いろ》が混《ま》じったまだらな牛《うし》」という意味《いみ》じゃ。そこから、さまざまな色《いろ》や形《かたち》の「もの」の意味《いみ》になったのじゃ。

青赤黄緑《あおあかきみどり》といろんな色《いろ》が混《ま》ざった牛《うし》だったら、動物《どうぶつ》というよりもう怪物《かいぶつ》かも……。

特

音《おん》	トク
部首《ぶしゅ》	牛(うしへん)
画数《かくすう》	10画《かく》

もとの意味《いみ》

オスの牛《うし》

篆文《てんぶん》	金文《きんぶん》

「牛《うし》」と「寺《てら》」だから、昔《むかし》、お寺《てら》に特別《とくべつ》な牛《うし》がいたのかな？

「特《とく》」は、「牛《うし》」と、「結婚《けっこん》をしていない男《おとこ》の人《ひと》」という意味《いみ》の「士《し》」と同《おな》じ音《おん》「寺《し》」をあわせた字《じ》で、もとは「オスの牛《うし》（牡《ぼ》）」という意味《いみ》じゃ。「独《どく》」と音《おん》が近《ちか》いために、「ただ一《ひと》つ」「特別《とくべつ》」の意味《いみ》になったのじゃ。

オスの牛《うし》は特別《とくべつ》な存在《そんざい》だったのかしら。

特別《とくべつ》な牛《うし》なんて特上《とくじょう》ステーキしか思いつかないよ！

風

音《おん》	フウ・フ
訓《くん》	かぜ・かざ
部首《ぶしゅ》	風(かぜ)
画数《かくすう》	9画《かく》

もとの意味《いみ》

大《おお》きな鳥《とり》、鳳凰《ほうおう》

篆文《てんぶん》	金文《きんぶん》

「風車《ふうしゃ》」「風上《かざかみ》」「台風《たいふう》」の風《かぜ》。空気《くうき》の流《なが》れのことだわ。

虫《むし》という字《じ》が風《かぜ》の中《なか》に入《はい》っているね。もしかして風《かぜ》は大量《たいりょう》の虫《むし》がはばたいて作《つく》るのかも！

「風《ふう》」の異体字《いたいじ》（↓18ページ）は「鳳《ほう》」で、もとは「大《おお》きな鳥《とり》、鳳凰《ほうおう》」という意味《いみ》だったんじゃ。鳳凰《ほうおう》は風《かぜ》の神《かみ》とされていたため、「鳳《ほう》」が「風《かぜ》」という意味《いみ》となった。「鳳《ほう》」から「風《ふう》」に変化《へんか》するときになぜ「鳥《ちょう》」が「虫《ちゅう》」に変化《へんか》したのかは、わかっておらん。風《かぜ》のみが知《し》っているのじゃ……。

準

音《おん》	ジュン
部首《ぶしゅ》	水(さんずい)
画数《かくすう》	13画《かく》

もとの意味《いみ》

平《たい》らな水面《すいめん》

篆文《てんぶん》	金文《きんぶん》

ぼくのひいきのサッカーチーム、準優勝《じゅんゆうしょう》だったよ。

「準《じゅん》」は、水《みず》を表《あらわ》す「氵《さんずい》」と、「ひとしく平《たい》ら」という意味《いみ》の「旬《しゅん》」と同《おな》じ音《おん》の「隼《しゅん》」をあわせた字《じ》で、もとは「平《たい》らな水《すい》面《めん》」という意味《いみ》。そこから水平《すいへい》をはかる「水盛《みずも》り*」の意味《いみ》になり、水面《すいめん》と同《おな》じ高《たか》さをはかることから「ほとんど同《おな》じ」という意《い》味《み》になり、さらに「準《じゅん》じる、その次《つぎ》に位《くらい》する」という意《い》味《み》に変化《へんか》していったのじゃ。「規矩準縄《きくじゅんじょう》」という四字熟語《よじじゅくご》は、規《き》はコンパス、矩《く》は物《もの》さし、準《じゅん》は水盛《みずも》り、縄《じょう》は直線《ちょくせん》を引《ひ》く墨《すみ》なわを表《あらわ》し「物事《ものごと》の基準《きじゅん》や手本《てほん》」を意味《いみ》するのじゃ。

＊木箱《きばこ》に水《みず》を入《い》れて水平面《すいへいめん》を作《つく》り、そこから一定《いってい》の高《たか》さに糸《いと》や縄《なわ》をはって高《たか》さをはかる道具《どうぐ》。水準《みずばかり》ともいう。

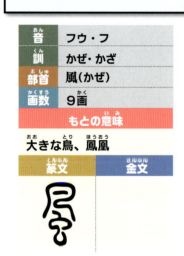

易

音《おん》	エキ・イ
訓《くん》	やさ(しい)
部首《ぶしゅ》	日(ひ)
画数《かくすう》	8画《かく》

もとの意味《いみ》

トカゲの皮《ひ》ふの色《いろ》が変《か》わる

篆文《てんぶん》	金文《きんぶん》

「容易《ようい》」「安易《あんい》」だと「易《やさ》しい」という意味《いみ》だけど、「貿易《ぼうえき》」「交易《こうえき》」だと「変《か》える」という意味《いみ》かしら。

カエル？　ケロケロ鳴《な》く？

もじおくん、おしい！　「易《えき》」は、トカゲの形《かたち》を表《あらわ》した象形《しょうけい》文字《もじ》「」と、「あざやかな光《ひかり》」という意味《いみ》の「彡《さん》」とをあわせた字《じ》で、もとは「トカゲの皮《ひ》ふの色《いろ》が変《か》わる」という意《い》味《み》じゃ。別《べつ》のものに変《か》わることから「変《か》わる」という意《い》味《み》に、色《いろ》が変《か》わり易《やす》いことから「易《やさ》しい」という意味《いみ》になったんじゃ。

物《もの》と物《もの》を変《か》えるのが貿易《ぼうえき》、変《か》わり易《やす》いのが容易《ようい》、ということね。

万

音《おん》	マン・バン
部首《ぶしゅ》	一(いち)
画数《かくすう》	3画《かく》

もとの意味《いみ》

サソリ

篆文《てんぶん》	金文《きんぶん》

千《せん》の十倍《じゅうばい》の数字《すうじ》ね。

「万《まん》」の旧字体《きゅうじたい》は「萬《まん》」で、これはサソリの姿《すがた》を表《あらわ》した象《しょう》形文字《けいもじ》じゃ。金文《きんぶん》の形《かたち》を見《み》てごらん。下《した》の「」が表《あらわ》すのは尾《お》の毒針《どくばり》じゃ。

たしかにサソリのハサミが二《ふた》つ！　それに尾《お》も！

「萬《まん》」は、甲骨文字《こうこつもじ》でも数《かず》の「万《まん》」という意味《いみ》で使《つか》われていた。現在《げんざい》の漢字《かんじ》の「万《まん》」は水面《すいめん》に水草《みずくさ》がうかぶ象形文字《しょうけいもじ》だが、音《おん》が「萬《まん》」と同《おな》じなので当《あ》て字《じ》で使《つか》われるようになったのじゃ。

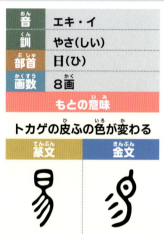

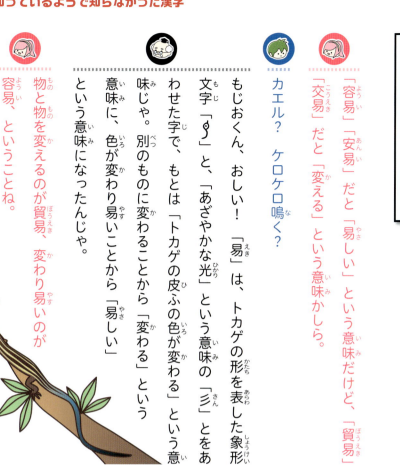

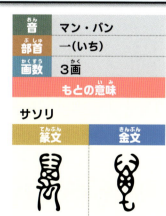

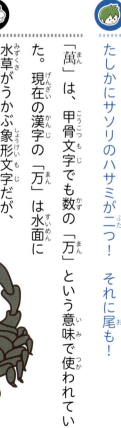

虹

音《おん》	コウ
訓《くん》	にじ
部首《ぶしゅ》	虫（むし）
画数《かくすう》	9画《かく》

もとの意味《いみ》

天空《てんくう》をつらぬくようにのぼるヘビ

篆文《てんぶん》	金文《きんぶん》

雨上《あめあ》がりの空《そら》にかかる七色《なないろ》の帯《おび》が「虹《にじ》」。とってもステキなイメージね。

でも虫《むし》へんが入《はい》っているね。なんだろう。

「虹《こう》」は、ヘビを表《あらわ》す「虫《き》」と、「つらぬく」という意味《いみ》の「工《こう》」をあわせた字《じ》で、もとは「天空《てんくう》をつらぬくようにのぼるヘビ」の意味《いみ》じゃ。昔《むかし》、ヘビは天《てん》にのぼると龍《りゅう》に進化《しんか》すると考《かんが》えられておった。虹《こう》は二ひきの龍《りゅう》が横《よこ》に連《つら》なって天空《てんくう》で太鼓橋《たいこばし》となった姿《すがた》なのじゃ。

号

音《おん》	ゴウ
部首《ぶしゅ》	口（くち）
画数《かくすう》	5画《かく》

もとの意味《いみ》

虎《とら》が大声《おおごえ》でほえる

篆文《てんぶん》	金文《きんぶん》

「号泣《ごうきゅう》」「号令《ごうれい》」「番号《ばんごう》」などなど。

「号《ごう》」の旧字体《きゅうじたい》は「號《ごう》」。「虎《こ》」と、高《たか》い声《こえ》を上《あ》げるという意《い》味《み》の「号《ごう》」をあわせた字《じ》で、もとは「虎《とら》が大声《おおごえ》でほえる」という意味《いみ》じゃ。次第《しだい》に虎《とら》の要素《ようそ》が消《き》えて「大声《おおごえ》で叫《さけ》ぶ」という意味《いみ》になった。号泣《ごうきゅう》というのは本来《ほんらい》は単《たん》に大泣《おおな》きするのではなく、大《おお》きな声《こえ》を上《あ》げながら泣《な》くという意味《いみ》なんじゃよ。

教科書《きょうかしょ》にのっていた『山月記《さんげつき》*』で虎《とら》の主人公《しゅじんこう》・李徴《りちょう》が泣《な》いて月《つき》に向《む》かって咆哮《ほうこう》する（大声《おおごえ》をあげる）ラストシーンにぴったりな漢字《かんじ》ね。

＊昭和《しょうわ》の作家《さっか》・中島敦《なかじまあつし》の短編小説《たんぺんしょうせつ》。詩人《しじん》になる望《のぞ》みに破《やぶ》れて虎《とら》になってしまった男《おとこ》が旧友《きゅうゆう》に自分《じぶん》の運命《うんめい》を語《かた》る物語《ものがたり》。

劇

音《おん》	ゲキ
部首《ぶしゅ》	刀(りっとう)
画数《かくすう》	15画《かく》

もとの意味《いみ》

激《はげ》しく力《ちから》を使《つか》う

篆文《てんぶん》	金文《きんぶん》

「演劇《えんげき》」「劇場《げきじょう》」。お芝居《しばい》にかかわる感《かん》じね。

「劇《げき》」の異体字《いたいじ》は「勮《げき》」。「力《りき》」と、せわしく激《はげ》しいという意《い》味《み》の「遽《きょ》」と音《おん》が同《おな》じ「豦《きょ》」をあわせた字《じ》で、もとは「激《はげ》しく力《ちから》を使《つか》う」という意味《いみ》じゃ。のちに「たわむれる」と「芝《しば》居《い》」という二《ふた》つの意味《いみ》をもつ「諕《ぎゃく》」と音《おん》が近《ちか》いことから「芝《しば》居《い》」の意味《いみ》がくわわった。「豦《きょ》」という字《じ》を「虍《とらかんむり》（虎《とら》）」＋「豕《いのこ》（猪《いのしし》）」と見《み》て、虎《とら》と猪《いのしし》が激《はげ》しく争《あらそ》う様子《ようす》と考《かんが》えてもよいぞ。

そうか！　劇薬《げきやく》はきき目《め》が激《はげ》しい感《かん》じだもんね。

博士《はかせ》の漢字《かんじ》コラム

十二支《じゅうにし》の漢字《かんじ》

干支《えと》というのは、古代中国《こだいちゅうごく》のこよみの用語《ようご》で、十干《じっかん》と十二《じゅうに》支《し》を組《く》みあわせたものじゃ。「干《かん》」は木《き》の幹《みき》、「支《し》」は木《き》の枝《えだ》を表《あらわ》すぞ。

甲《こう》・乙《おつ》・丙《へい》・丁《てい》・戊《ぼ》・己《き》・庚《こう》・辛《しん》・壬《じん》・癸《き》の十干《じっかん》と子《ね》・丑《うし》・寅《とら》・卯《う》・辰《たつ》・巳《み》・午《うま》・未《ひつじ》・申《さる》・酉《とり》・戌《いぬ》・亥《い》の十二支《じゅうにし》との組《く》みあわせは六〇通《とお》りで、六〇年《ねん》かけて一周《ひとまわ》りするのじゃ。たとえば、二〇一八年《ねん》は十干《じっかん》の戊《つちのえ》と十二支《じゅうにし》の戌《いぬ》を組《く》みあわせた戊戌《つちのえいぬ》で、その次《つぎ》の二〇一九年《ねん》は己《つちのと》と亥《い》を組《く》みあわせた己亥《つちのとい》じゃ。同《おな》じ戌年《いぬどし》でも、二〇三〇年《ねん》は庚戌《かのえいぬ》じゃし、二〇四二年《ねん》は壬戌《みずのえいぬ》となるわけじゃ。

十二支《じゅうにし》は、こよみだけでなく、方位《ほうい》や時刻《じこく》を表《あらわ》すのにも使《つか》われてきたぞ。子《ね》は北《きた》、丑《うし》は北北東《ほくほくとう》、寅《とら》は東北東《とうほくとう》、卯《う》は東《ひがし》に対応《たいおう》しておる。また時刻《じこく》では、午《うま》の刻《こく》が一二時《じ》、未《み》の刻《こく》が一四時《じ》、申《さる》の刻《こく》が一六時《じ》を表《あらわ》しているのじゃ。

私

音《おん》	シ
訓《くん》	わたくし・わたし
部首《ぶしゅ》	禾(のぎ)
画数《かくすう》	7画《かく》

もとの意味《いみ》

自分《じぶん》のものにしたイネ

篆文《てんぶん》	金文《きんぶん》

「わたし」「わたくし」「自分《じぶん》」のことね。

「私《し》」は、イネを表《あらわ》す「禾《のぎ》」と、「囲《かこ》いこんで我《わ》がものにする」という意味《いみ》の「厶《し》」とをあわせた字《じ》で、もとは「自分《じぶん》のものにしたイネ」という意味《いみ》じゃ。のちにイネの意味《いみ》が消《き》えて「己《おのれ》」の意味《いみ》になったんじゃな。ちなみに、「私《し》」の対《たい》義語《ぎご》である「公《こう》」は、「厶《し》」（我《わ》がものにする）と、開《ひら》くという意味《いみ》の「八《はち》」をあわせた字《じ》で、「囲《かこ》いを開《ひら》く」という意味《いみ》じゃ。

公私《こうし》はそこがちがうんだね。

年

音《おん》	ネン
訓《くん》	とし
部首《ぶしゅ》	干(いちじゅう)
画数《かくすう》	6画《かく》

もとの意味《いみ》

イネが実《みの》る

篆文《てんぶん》	金文《きんぶん》

「年月《ねんげつ》」「年度《ねんど》」「学年《がくねん》」「来年《らいねん》」。三六五日《にち》で一年《ねん》です。

「年《ねん》」の異体字《いたいじ》は「秊《ねん》」じゃ。イネを表《あらわ》す「禾《のぎ》」と、「実《みの》る」という意味《いみ》の「人《にん》」をあわせた字《じ》で、もとは「イネが実《みの》る」という意味《いみ》じゃった。一年《ねん》かけてイネが実《みの》ることから「年《とし》」の意味《いみ》になったんじゃ。

なるほど。イネの実《み》りを得《え》るための一周期《いっしゅうき》が年《とし》。稲作文化《いなさくぶんか》が息《いき》づく漢字《かんじ》ね。

のぎへんには、稲《いね》をはじめ、「種《たね》」「秋《あき》」「穂《ほ》」「稗《ひえ》」……など稲作《いなさく》にまつわる漢字《かんじ》が多《おお》いのじゃ。

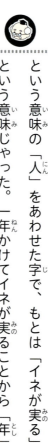

栄

音《おん》	エイ
訓《くん》	さか(える)・は(え)・は(える)
部首《ぶしゅ》	木(き)
画数《かくすう》	9画《かく》

もとの意味《いみ》

軽《かる》い木《き》

篆文《てんぶん》	金文《きんぶん》1	金文《きんぶん》2

「栄光《えいこう》」「栄誉《えいよ》」「光栄《こうえい》」。いかにもかがやかしい感《かん》じね。

「栄《えい》」の旧字体《きゅうじたい》は「榮《えい》」。「木《き》」と、「軽《かる》い」という意味《いみ》の「軽《けい》」と音《おん》が近《ちか》い「𤇾《えい》」をあわせた字《じ》で、もとは「軽《かる》い木《き》」という意味《いみ》じゃった。

んー、軽《かる》い木《き》って、どんな木《き》？

古代中国《こだいちゅうごく》で軽《かる》い木《き》といえば、桐《きり》じゃ。栄《えい》は「軽《かる》い桐《きり》の木《き》」を表《あらわ》した字《じ》じゃったが、「火《ひ》が光《ひか》りかがやく」という意味《いみ》の「熒《けい》」と音《おん》が似《に》ていたことから「栄《さか》える」という意味《いみ》で使《つか》われるようになったのじゃ。「栄養《えいよう》」「繁栄《はんえい》」「共栄《きょうえい》」「見栄《みえ》」などじゃ。

人間《にんげん》と木《き》も共存共栄《きょうぞんきょうえい》でいきたいな。

平

音《おん》	ヘイ・ビョウ
訓《くん》	たい(ら)・ひら
部首《ぶしゅ》	干(いちじゅう)
画数《かくすう》	5画《かく》

もとの意味《いみ》

水面《すいめん》にうかぶ水草《みずくさ》

篆文《てんぶん》	金文《きんぶん》

「平等《びょうどう》」「平安《へいあん》」。おだやかでふつうで平《たい》らな感《かん》じね。

「平《へい》」は、「水面《すいめん》に平《ひら》たくうかぶ水草《みずくさ》」の象形文字《しょうけいもじ》じゃ。平《ひら》たい水草《みずくさ》が水《みず》に平《たい》らにうかんでいることから「平《ひら》たい」「平《たい》ら」の意味《いみ》がくわわった。金文《きんぶん》の形《かたち》を見《み》てごらん。

たしかに横《よこ》から見《み》た水草《みずくさ》に見《み》えなくもない……？

ほかにも「于《う》」と「八《はち》」をあわせた字《じ》だとか、おのでけずる様子《ようす》を表《あらわ》す字《じ》だとかいう説《せつ》もある。

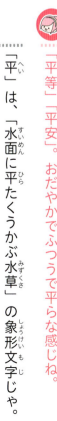

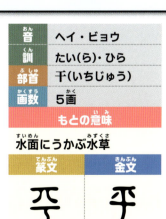

自然現象《しぜんげんしょう》が由来《ゆらい》の漢字《かんじ》

おひさまの光《ひかり》が昼間《ひるま》にあそぶみんなをあまねく照《て》らし、
夜《よる》にはねむる子《こ》どもにひとすじの月《つき》の光《ひかり》がさしこむ——
自然《しぜん》がルーツのものを集《あつ》めたぞ。

普

音《おん》	フ
部首《ぶしゅ》	日(ひ)
画数《かくすう》	12画《かく》

もとの意味《いみ》

太陽光《たいようこう》がうすく広《ひろ》がる

篆文《てんぶん》	金文《きんぶん》

「普通《ふつう》」「普段《ふだん》」だと特別《とくべつ》でないいつもの感《かん》じで「普及《ふきゅう》」だと広《ひろ》く行《い》きわたる感《かん》じね。

「普《ふ》」は、太陽《たいよう》を表《あらわ》す「日《ひ》」と、うすいという意味《いみ》の「薄《はく》」の音《おん》に近《ちか》い「竝《ふ》」(並《なみ》は竝《ふ》を省略《しょうりゃく》した形《かたち》)をあわせた字《じ》で、もとは「太陽《たいよう》の光《ひかり》がうすく広《ひろ》がる」という意味《いみ》じゃ。日光《にっこう》が広《ひろ》く世《せ》界《かい》を照《て》らすことから「普《あまね》く」の意味《いみ》になっていった。

「あまねく」って?

「すべてに広《ひろ》く」「もれなく」ということじゃ。「遍《あまね》く」とも書《か》くぞ。

「普遍《ふへん》」ですね。

「普《ふ》」を使《つか》った四字熟語《よじじゅくご》もいろいろあるぞ。「普遍妥当《ふへんだとう》」はどんな条件《じょうけん》にもあてはまること、「普天之下《ふてんのもと》」は世界中《せかいじゅう》、「普天率土《ふてんそっと》」は世界《せかい》の隅々《すみずみ》いたるところまで、の意味《いみ》じゃ。

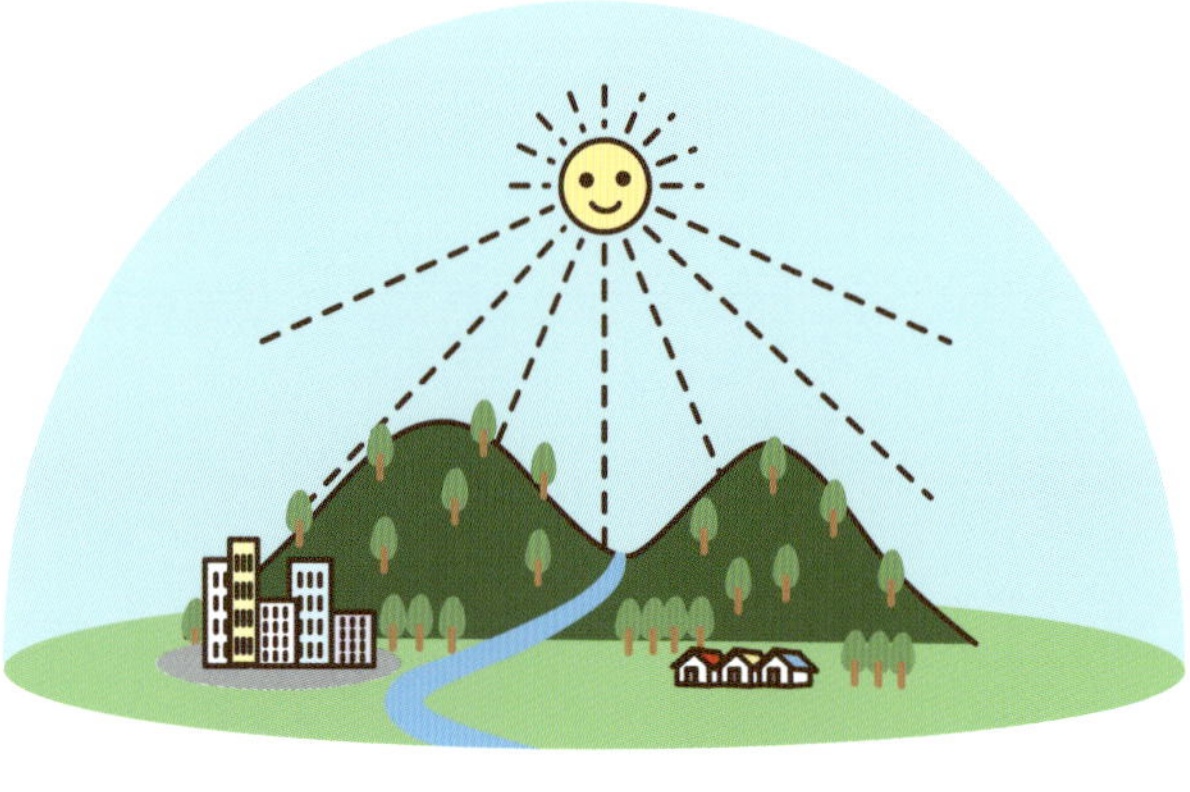

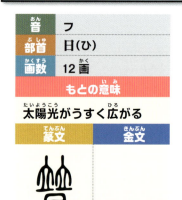

景

音《おん》	ケイ
部首《ぶしゅ》	日(ひ)
画数《かくすう》	12画《かく》

もとの意味《いみ》

明《あか》るい日光《にっこう》

篆文《てんぶん》	金文《きんぶん》

「景色《けしき》」「景観《けいかん》」「光景《こうけい》」など、ながめを表《あらわ》す漢字《かんじ》ね。

「景《けい》」は、太陽《たいよう》を表《あらわ》す「日《ひ》」と、明《あか》るい光《ひかり》という意味《いみ》の「冋《けい》」と同《おな》じ音《おん》の「京《けい》」をあわせた字《じ》で、もとは「明《あか》るい日光《にっこう》」という意味《いみ》じゃ。そこから、光《ひかり》が照《て》らすことで見《み》える「ながめ・けしき」という意味《いみ》に広《ひろ》がったんじゃ。さらに光《ひかり》があるところには「カゲ」が生《しょう》じるじゃろう。のちに「景《けい》」は「日《ひ》かげ」の意味《いみ》にも使《つか》われるようになり、「影《かげ》」という字《じ》もできたんじゃ。

文字通《もじどお》り、光《ひかり》と影《かげ》は表裏一体《ひょうりいったい》ね。

ぼくとかんこちゃんと同《おな》じだね。

もちろん私《わたし》が光《ひかり》ね☆

的

音《おん》	テキ
訓《くん》	まと
部首《ぶしゅ》	白(しろ)
画数《かくすう》	10画《かく》

もとの意味《いみ》

明《あか》るい日光《にっこう》

篆文《てんぶん》	金文《きんぶん》
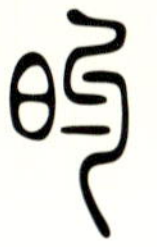	

ぼくはお祭《まつ》りでよく「射的《しゃてき》」をやるよ！

「的《てき》」の旧字体《きゅうじたい》（→15ページ）は「旳《てき》」。太陽《たいよう》の「日《ひ》」と白《しろ》さや明《あか》るさを表《あらわ》す「勺《しゃく》」をあわせた字《じ》で、もとは「明《あか》るい日光《にっこう》」の意味《いみ》じゃ。

「まと」の意味《いみ》とはだいぶちがうみたい……？

「的《てき》」が「まと」の意味《いみ》を示《しめ》すようになったのは「鵠《こく》」という漢字《かんじ》が由来《ゆらい》じゃ。「鵠《こく》」は白鳥《はくちょう》の別名《べつめい》で、「白《しろ》い」「まとの中《ちゅう》心《しん》」という意味《いみ》がある。「勺《しゃく》」も白《しろ》い色《いろ》を表《あらわ》すので、「鵠《こく》」の代《か》わりに「的《てき》」が使《つか》われそのまま「まと」の意味《いみ》を示《しめ》すようになったのじゃ。物事《ものごと》の要点《ようてん》をおさえるという意味《いみ》の「正鵠《せいこく》を射《い》る」は、的《まと》の中心《ちゅうしん》を正確《せいかく》に射《い》ることからできた慣用句《かんようく》なんじゃ。

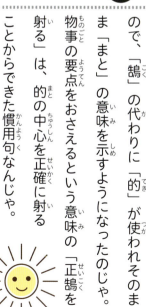

朗

音《おん》	ロウ
訓《くん》	ほが(らか)
部首《ぶしゅ》	月(つき)
画数《かくすう》	10画《かく》

もとの意味《いみ》

月《つき》の光《ひかり》が明《あか》るくてきれい

篆文《てんぶん》	金文《きんぶん》

「明朗《めいろう》」「朗報《ろうほう》」「朗読《ろうどく》」などね。明《あか》るい感《かん》じがする言葉《ことば》だわ。

「朗《ろう》」は、「月《つき》」と、明《あき》らかという意味《いみ》の「亮《りょう》」と同《おな》じ音《おん》の「良《りょう》」とをあわせた字《じ》で、もとは「月《つき》の光《ひかり》が明《あか》るくてきれい」という意味《いみ》じゃ。やがて「あきらか」「ほがらか」の意味《いみ》になった。「朗報《ろうほう》」は明《あか》るい知《し》らせ、「朗読《ろうどく》」は声《こえ》がきれいですみ通《とお》っているということじゃよ。

お月見《つきみ》で詩《し》を朗読《ろうどく》。

月夜《つきよ》の野原《のはら》で朗々《ろうろう》とうたう！

ふたりとも明朗闊達《めいろうかったつ》じゃな！

博士《はかせ》の漢字《かんじ》コラム

旧暦《きゅうれき》の名称《めいしょう》と由来《ゆらい》

旧暦《きゅうれき》とは、昔《むかし》のカレンダーのことじゃ。

今《いま》は「太陽暦《たいようれき》」といって、太陽《たいよう》の動《うご》きを使《つか》って暦《こよみ》を作《つく》っておるんじゃが、昔《むかし》は「太陽太陰暦《たいようたいいんれき》」といって月《つき》の満《み》ち欠《か》けをもとに、太陽《たいよう》の動《うご》きも考《かんが》えて暦《こよみ》を作《つく》っておったんじゃ。

今《いま》でも中国《ちゅうごく》や韓国《かんこく》などでは旧暦《きゅうれき》で正月《しょうがつ》を祝《いわ》うことで有名《ゆうめい》じゃな。

かつて日本《にほん》でもこの旧暦《きゅうれき》を採用《さいよう》しておったんじゃが、今《いま》とはちがった月《つき》の呼《よ》びかたがあった。

たとえば1月《がつ》は新年《しんねん》をむかえてみんなと仲睦《なかむつ》まじくするから睦《む》月《つき》と呼《よ》ばれるようになったんじゃ。

すべての月《つき》にそれぞれ由来《ゆらい》があるぞ。自分《じぶん》の生《う》まれた月《つき》の由来《ゆらい》を調《しら》べてみるといいじゃろう。

1月《がつ》	睦月《むつき》
2月《がつ》	如月《きさらぎ》
3月《がつ》	弥生《やよい》
4月《がつ》	卯月《うづき》
5月《がつ》	五月《さつき》
6月《がつ》	水無月《みなづき》
7月《がつ》	文月《ふみづき》
8月《がつ》	葉月《はづき》
9月《がつ》	長月《ながつき》
10月《がつ》	神無月《かんなづき》
11月《がつ》	霜月《しもつき》
12月《がつ》	師走《しわす》

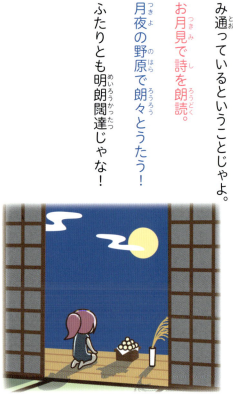

云

音《おん》	ウン
訓《くん》	い(う)
部首《ぶしゅ》	二(に)
画数《かくすう》	4画《かく》

もとの意味《いみ》

入道雲《にゅうどうぐも》

篆文《てんぶん》	金文《きんぶん》

この字《じ》は学校《がっこう》では習《なら》わないけど、「云《い》う」とか「云々《うんぬん》」のように話《はなし》をするという意味《いみ》で使《つか》う字《じ》だわ。

「云《うん》」は「雲《うん》」の異体字《いたいじ》（→18ページ）で、入道雲《にゅうどうぐも》を表《あらわ》す象《しょう》形文字《けいもじ》じゃ。篆文《てんぶん》を見《み》てごらん。下《した》のくるんとした部分《ぶぶん》は雲《くも》が回転《かいてん》した様子《ようす》を表《あらわ》しておる。「述《の》べる」という意味《いみ》の「謂《い》」と音《おん》が近《ちか》いことから「云《うん》」は「いう・述《の》べる」という意味《いみ》になったのじゃ。「雲《くも》」という漢字《かんじ》は、後《あと》に「雨《あめ》」をつけて作《つく》った漢字《かんじ》じゃよ。

党

音《おん》	トウ
部首《ぶしゅ》	儿(ひとあし／にんにょう)
画数《かくすう》	10画《かく》

もとの意味《いみ》

太陽《たいよう》や月《つき》が黒《くろ》い雲《くも》におおわれて暗《くら》い

篆文《てんぶん》	金文《きんぶん》

「政党《せいとう》」「野党《やとう》」とか「党派《とうは》」の党《とう》ね。仲間《なかま》ってことかな？

「党《とう》」の旧字体《きゅうじたい》は「黨《とう》」じゃ。うす暗《ぐら》いという意味《いみ》の「黒《くろ》」と、おおうという意味《いみ》の「幬《とう》」と同《おな》じ音《おん》の「尚《とう》」をあわせた字《じ》で、もとは「太陽《たいよう》や月《つき》が黒《くろ》い雲《くも》におおわれて暗《くら》い」という意味《いみ》じゃった。仲間《なかま》という意味《いみ》の「攩《とう》」と同《おな》じ音《おん》だったので「仲間《なかま》」の意味《いみ》をもつようになった。

雲《くも》におおわれて暗《くら》くなる太陽《たいよう》なんて不吉《ふきつ》ね。悪党《あくとう》たちが活《かつ》やくしそうな感《かん》じ。

ちなみにわしは甘《あま》いものが好《す》きじゃよ♥

それは甘党《あまとう》！

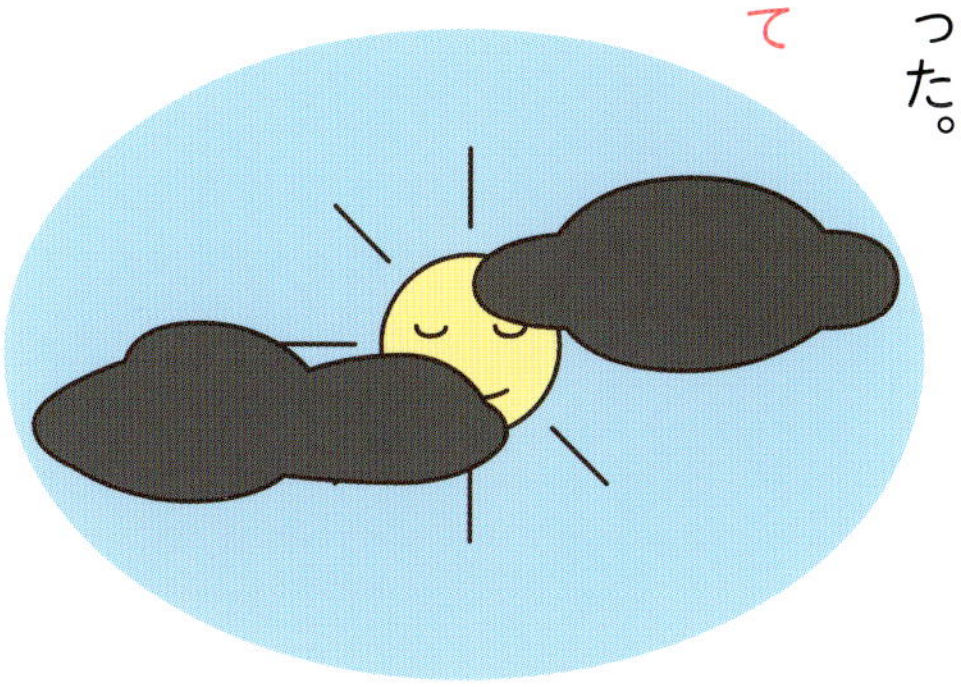

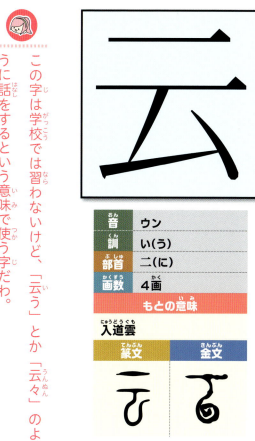

濃

音《おん》	ノウ
訓《くん》	こ(い)
部首《ぶしゅ》	水(さんずい)
画数《かくすう》	16画《かく》

もとの意味《いみ》

雨露《あめつゆ》が多《おお》い

篆文《てんぶん》	金文《きんぶん》

「濃厚《のうこう》」「濃度《のうど》」「濃縮《のうしゅく》」とか。こってりした感《かん》じねー。

たしかにラーメンを思《おも》い出《だ》す字《じ》だ！　ぼくはこってり系《けい》がいいなあ。

「濃《のう》」は、水《みず》を表《あらわ》す「氵《さんずい》」と、多《おお》いという意味《いみ》の当《あ》て字《じ》の「農《じょう》」をあわせた字《じ》で、もとは「雨露《あめつゆ》が多《おお》い」という意味《いみ》じゃ。その後《ご》、雨露《あめつゆ》という意味《いみ》が消《き》えて「多《おお》い」という意味《いみ》になり、さらに「厚《あつ》い」「こい」という意味《いみ》になったんじゃ。ラーメンなら、わしはどちらかといえばあっさり系《けい》が好《この》みじゃな。

私《わたし》もあっさり系《けい》の顔《かお》の男《おとこ》の人《ひと》が好《この》み♥

それってぼくのこと!?

泊

音《おん》	ハク
訓《くん》	と(まる)・と(める)
部首《ぶしゅ》	水(さんずい)
画数《かくすう》	8画《かく》

もとの意味《いみ》

水《みず》が浅《あさ》いところ

篆文《てんぶん》	金文《きんぶん》

「宿泊《しゅくはく》」「外泊《がいはく》」「旅行《りょこう》」だねー。

「泊《はく》」は、水《みず》を表《あらわ》す「氵《さんずい》」と、浅《あさ》いという意味《いみ》の「薄《はく》」と同《おな》じ音《おん》の「白《はく》」をあわせた字《じ》じゃ。もともとは「水《みず》が浅《あさ》い ところ」という意味《いみ》じゃ。浅瀬《あさせ》に船《ふね》をとめるため「とめるところ」、「とめる」という意味《いみ》で使《つか》われるようになったんじゃ。

人《ひと》じゃなくて船《ふね》がとまるのね！

ああ、旅《たび》に出《で》たいなぁー。

……よもいづれの年《とし》よりか、片雲《へんうん》の風《かぜ》にさそはれて、漂泊《ひょうはく》の思《おも》ひやまず……。

松尾芭蕉《まつおばしょう》の『奥《おく》の細道《ほそみち》』ね！

原

音《おん》	ゲン
訓《くん》	はら
部首《ぶしゅ》	厂(がんだれ)
画数《かくすう》	10画《かく》

もとの意味《いみ》

水《みず》がわき出《で》る様子《ようす》

篆文《てんぶん》	金文《きんぶん》
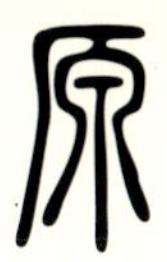	

「原因《げんいん》」「原初《げんしょ》」だとはじまりや、源《みなもと》や大元《おおもと》というイメージ、「野原《のはら》」「草原《そうげん》」だと平野《へいや》っぽいイメージがあるわ。

「原《げん》」は、「岩《いわ》の下《した》から水《みず》がわき出《で》る様子《ようす》」を表《あらわ》す象形文字《しょうけいもじ》じゃ。金文《きんぶん》の形《かたち》を見《み》てごらん。

ふふっ。なんだか子《こ》どもの落書《らくが》きみたい。

水《みず》がわき出《で》る元《もと》であることから「源《みなもと》」という意味《いみ》になった。「野原《のはら》」という意味《いみ》の「邍《げん》」と同《おな》じ音《おん》だったから当《あ》て字《じ》として使《つか》われているうちに「たいらで広《ひろ》い土地《とち》」「はらっぱ」という意味《いみ》に広《ひろ》がったのじゃな。

厚

音《おん》	コウ
訓《くん》	あつ(い)
部首《ぶしゅ》	厂(がんだれ)
画数《かくすう》	9画《かく》

もとの意味《いみ》

岩《いわ》がぶ厚《あつ》く高層《こうそう》に重《かさ》なる

篆文《てんぶん》	金文《きんぶん》

「厚着《あつぎ》」「厚手《あつて》」だとものの厚《あつ》みを表《あらわ》している感《かん》じで、「温厚《おんこう》」だとおだやかな感《かん》じね。

「厚《こう》」は、岩《いわ》を表《あらわ》す「厂《がんだれ》」と、重《かさ》なるという意味《いみ》の「㫗《こう》」をあわせた字《じ》で、もとは「岩《いわ》がぶ厚《あつ》く高層《こうそう》に重《かさ》なる」という意味《いみ》じゃ。やがて岩《いわ》の意味《いみ》が消《き》えて「重《かさ》なる」「あつい」という意味《いみ》になったのじゃ。

ふーう……。漢字《かんじ》に強《つよ》くなるにはまだまだ、厚《あつ》い岩《いわ》が高《たか》くつみ重《かさ》なっているよ……。

「一念岩《いちねんいわ》をも通《とお》す」じゃぞ。一途《いちず》に思《おも》いをこめれば、厚《あつ》いかべも岩《いわ》も突破《とっぱ》できてうまくいくものじゃ。

堕

音《おん》	ダ
部首《ぶしゅ》	土(つち)
画数《かくすう》	12画《かく》

もとの意味《いみ》

土《つち》がくだけ落《お》ちる

篆文《てんぶん》	金文《きんぶん》

「堕落《だらく》」しか思《おも》いつかない字《じ》だわ。悪《あく》の道《みち》に落《お》ちたり、身分《みぶん》が落《お》ちぶれることね。

ドキ！　今朝《けさ》も起《お》きられなかった、怠惰《たいだ》なぼくとしては……。

「堕《だ》」の旧字体《きゅうじたい》は「墮《だ》」じゃ。「土《つち》」と、くだけ落《お》ちるという意味《いみ》の「陊《た》」と同《おな》じ音《おん》の「隋《た》」をあわせた字《じ》で、もとは「土《つち》がくだけ落《お》ちる」という意味《いみ》じゃ。やがて土《つち》の意味《いみ》が消《き》えて、ただ「おちる」「くずれる」という意味《いみ》になったんじゃ。

ああ！　今朝《けさ》は一度《いちど》起《お》きたのに、再《ふたた》び眠《ねむ》りに落《お》ちてしまった！

それは、ただ自堕落《じだらく》なだけでしょ？

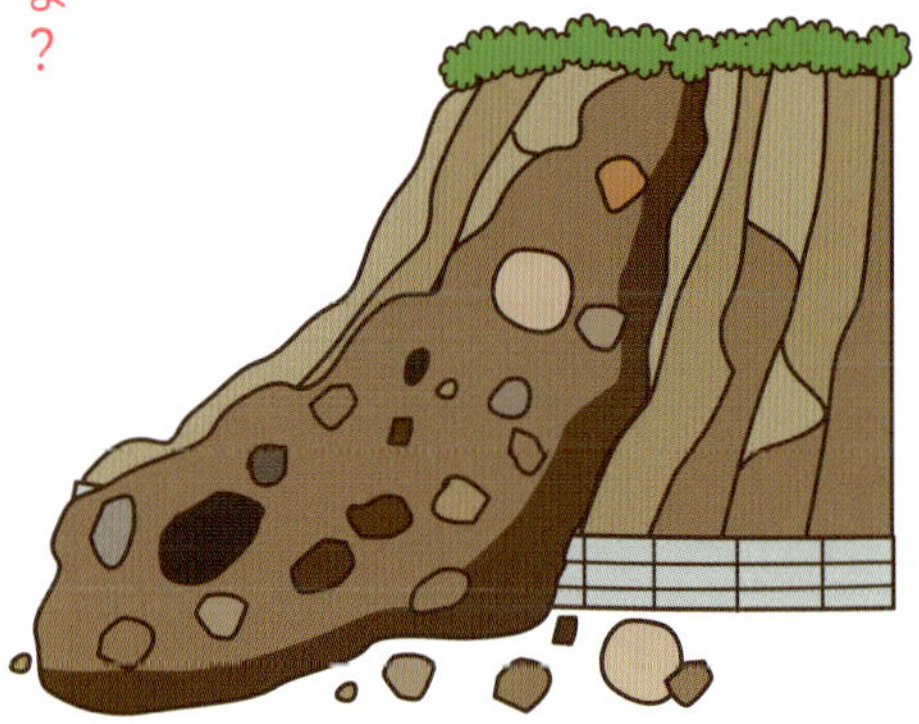

垂

音《おん》	スイ
訓《くん》	た(れる)、た(らす)
部首《ぶしゅ》	土(つち)
画数《かくすう》	8画《かく》

もとの意味《いみ》

最果《さいは》ての土地《とち》

篆文《てんぶん》	金文《きんぶん》

「垂直《すいちょく》」や「懸垂《けんすい》」の垂《すい》ね。

「垂《すい》」は、「土《つち》」と、「たれさがる」という意味《いみ》の「𠂹《すい》」をあわせた字《じ》じゃ。もとは「天《てん》が地面《じめん》に向《む》かってたれさがる、地球《ちきゅう》の縁《ふち》」つまり「最果《さいは》ての土地《とち》」という意味《いみ》だったのじゃ。だんだん「天《てん》」という意味《いみ》が失《うしな》われて、ただ「たれる」という意味《いみ》になったのじゃ。ほかに、「穀物《こくもつ》が実《みの》って穂《ほ》がたれさがった様子《ようす》」を表《あらわ》したものとする説《せつ》もあるぞ。

後《あと》の説《せつ》は「実《みの》るほど頭《こうべ》を垂《た》れる稲穂《いなほ》かな」ということわざそのものね。

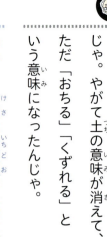

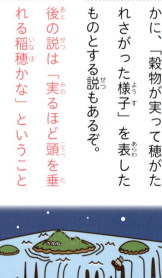

人《ひと》の動作《どうさ》からできた漢字《かんじ》
衣食住《いしょくじゅう》にかかわる漢字《かんじ》
動物《どうぶつ》や植物《しょくぶつ》が由来《ゆらい》の漢字《かんじ》
自然現象《しぜんげんしょう》が由来《ゆらい》の漢字《かんじ》
もとはワルくない漢字《かんじ》
じつはコワい漢字《かんじ》

票

音《おん》	ヒョウ
部首《ぶしゅ》	示(しめす)
画数《かくすう》	11画《かく》

もとの意味《いみ》

火《ひ》の粉《こ》がまいあがる

篆文《てんぶん》	金文《きんぶん》

「伝票《でんぴょう》」や「投票《とうひょう》」の票《ひょう》ね。どちらも紙《かみ》っぽいイメージがあるわね。

「票《ひょう》」は「火《ひ》」（票《ひょう》の下《した》の示《し》は誤《あやま》って伝《つた》えられた形《かたち》）と、「とびあがる」という意味《いみ》の「飛揚《ひよう》」と同《おな》じ音《おん》の「[illegible]《ひょう》」とをあわせた字《じ》で、もとは「火《ひ》の粉《こ》がまいあがる」という意味《いみ》じゃ。

しるしを表《あらわ》す「標《ひょう》」と音《おん》が同《おな》じだったためそこから「紙片《しへん》」「書《か》きつけ」の意味《いみ》になったのじゃ。

紙《かみ》を焼《や》いて火《ひ》の粉《こ》がまいあがる、どんど焼《や》きみたいだね。

どんど焼《や》きは書《か》き初《ぞ》めを焼《や》くのじゃよ。高《たか》く炎《ほのお》が上《あ》がると、字《じ》が上手《じょうず》になるぞ！

幽

音《おん》	ユウ
部首《ぶしゅ》	幺(いとがしら)
画数《かくすう》	9画《かく》

もとの意味《いみ》

炎《ほのお》の先《さき》が煙《けむり》で黒《くろ》くはっきりしない

篆文《てんぶん》	金文《きんぶん》

「幽霊《ゆうれい》」「幽界《ゆうかい》」の幽《ゆう》。あの世《よ》のものというイメージだね。

「幽《ゆう》」は、火《ひ》を表《あらわ》す「山」と、「黒《くろ》くはっきりしない」という意味《いみ》の「黝《ゆう》」と同《おな》じ音《おん》の「𢆶《ゆう》」をあわせた字《じ》で、もとは「炎《ほのお》の先《さき》が煙《けむり》で黒《くろ》くはっきりしない」という意味《いみ》じゃった。

「幽霊《ゆうれい》の正体《しょうたい》見《み》たり、枯《か》れ尾花《おばな》」ならぬ「炎《ほのお》の先《さき》」ね。

「黒《くろ》くてはっきりしない」ことから「暗《くら》い」「かすか」「深《ふか》い」の意味《いみ》に使《つか》われるようになったのじゃ。

それで幽明《ゆうめい》は、「暗《くら》いことと明《あか》るいこと」と「あの世《よ》とこの世《よ》」という意味《いみ》なのね。

もとはワルくない漢字《かんじ》

生《う》まれたときには悪《わる》い意味《いみ》ではなかったのに、今《いま》ではワルいイメージで使《つか》われることがフツウ……。そんなかわいそうな漢字《かんじ》たちの、本来《ほんらい》の姿《すがた》を学《まな》ぶんじゃ。

害

音《おん》	ガイ
部首《ぶしゅ》	宀(うかんむり)
画数《かくすう》	10画《かく》

もとの意味《いみ》

かごを頭《あたま》にかぶせる

篆文《てんぶん》	金文《きんぶん》

ゴキブリなどの「害虫《がいちゅう》」の害《がい》だ。「体《からだ》に害《がい》がある」なんていうこともあるし、なんだかとっても悪《わる》そうだなぁ。

「妨害《ぼうがい》」とか「障害《しょうがい》」とかの熟語《じゅくご》もあるし、何《なに》かのじゃまをするって意味《いみ》かしら？

かんこちゃんはするどいのう。「害《がい》」はもともと、竹《たけ》かごを表《あらわ》す「」と、頭《あたま》を表《あらわ》す「」をあわせた字《じ》で、「かごを頭《あたま》にかぶせる」という意味《いみ》だったんじゃ。それが、頭《あたま》にかごをかぶせておさえつけることから「じゃまをする」という意味《いみ》に変化《へんか》したのじゃ。

ってことは、ゴキブリにかごをかぶせれば……。

まさしく「害虫《がいちゅう》」だ！

罪

音《おん》	ザイ
訓《くん》	つみ
部首《ぶしゅ》	罒（あみがしら）
画数《かくすう》	13画《かく》

もとの意味《いみ》

魚《さかな》をとらえるための網《あみ》

篆文《てんぶん》

金文《きんぶん》

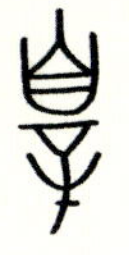

「犯罪《はんざい》」の罪《ざい》だし、「法律《ほうりつ》を破《やぶ》る」ってことかな。

「法律《ほうりつ》」だけでなく、「道徳《どうとく》」や「宗教《しゅうきょう》」の教《おし》えを破《やぶ》るのも「罪《つみ》」よ。

「罪《ざい》」は、「網《あみ》」を表《あらわ》す「罒《あみがしら》」と、「とらえる」という意味《いみ》の「非《ひ》」とをあわせた字《じ》で、もとは「魚《さかな》をとるための網《あみ》」の意《い》味《み》じゃな。

「悪《わる》いことをしたから網《あみ》でつかまえておく」から変化《へんか》して「罪《つみ》」という意味《いみ》になったのね。

魚《さかな》を網《あみ》でとりすぎるのも、罪《つみ》だよ。

もともとは「辠《ざい》」が「罪《つみ》」を表《あらわ》す漢字《かんじ》じゃったが、古代中国《こだいちゅうごく》の秦《しん》の時代《じだい》、「辠《ざい》」の字《じ》が「皇《こう》」に似《に》ているのをきらった始皇帝《しこうてい》が「罪《ざい》」の字《じ》に変《か》えたと言《い》われておるぞ。

暴

音《おん》	ボウ・バク
訓《くん》	あば（く）・あば（れる）
部首《ぶしゅ》	日（ひらび）
画数《かくすう》	15画《かく》

もとの意味《いみ》

米《こめ》を日光《にっこう》にさらす

篆文《てんぶん》

金文《きんぶん》

「暴力《ぼうりょく》」や「暴行《ぼうこう》」の熟語《じゅくご》からしてなんだか危《あぶ》ない感《かん》じがするね。

「暴《ぼう》」の篆文《てんぶん》を見《み》ればわかりやすい。上《うえ》は「日光《にっこう》」、下《した》は「米《こめ》」を示《しめ》す。「米《こめ》を日《ひ》にさらす」という意味《いみ》じゃ。

「暴露《ばくろ》」はそこからきてるのね！

暴《あば》れるという意味《いみ》は、「暴《ぼう》」が「手《て》あらく激《はげ》しいさま」を意味《いみ》する「剽《ひょう》」と音《おん》が近《ちか》かったために、後《あと》になってついたのじゃ。

ひなたぼっこの好《す》きな僕《ぼく》はまったく「暴《ぼう》」な人《ひと》じゃないけどね。

殺

音《おん》	サツ・サイ・セツ
訓《くん》	ころ(す)
部首《ぶしゅ》	殳(ほこづくり／るまた)
画数《かくすう》	10画《かく》

もとの意味《いみ》

人《ひと》をほこで打《う》って死体《したい》にする

篆文《てんぶん》	金文《きんぶん》

「殺害《さつがい》」「必殺《ひっさつ》」「殺気《さっき》」の殺《さつ》です。

かんこちゃんから殺気《さっき》を感《かん》じること、たまにあるなあ。

「殺《さつ》」はほこで人《ひと》を打《う》ちつける様子《ようす》を表《あらわ》す「殳《ほこづくり》」と、死体《したい》という意味《いみ》の「豖《し》」(「杀《し》」は金文《きんぶん》から今《いま》の形《かたち》になるまでに誤《あやま》って伝《つた》えられた形《かたち》)とをあわせた字《じ》で、もとは「人《ひと》をはこで打《う》って死体《したい》にする」という意味《いみ》じゃ。

「殺《さつ》」は、毒殺《どくさつ》や刺殺《しさつ》ではなくぼく殺《さつ》を表《あらわ》していたんだね。

篆文《てんぶん》は「朮《じゅつ》」と「乂《がい》」と「殳《ほこづくり》」をあわせた会意文字《かいいもじ》(↓16ページ)で、もとは「穀物《こくもつ》をかり取《と》る」という意味《いみ》だった、と解《かい》しゃくする学者《がくしゃ》もおる。わしはそう考《かんが》えないが。

その意味《いみ》はもく殺《さつ》ね！

滅

音《おん》	メツ
訓《くん》	ほろ(びる)・ほろ(ぼす)
部首《ぶしゅ》	氵(さんずい)
画数《かくすう》	13画《かく》

もとの意味《いみ》

水《みず》がなくなる

篆文《てんぶん》	金文《きんぶん》

「破滅《はめつ》」「滅亡《めつぼう》」「全滅《ぜんめつ》」と、おそろしいイメージの熟語《じゅくご》が多《おお》いわね。

「滅《めつ》」は、水《みず》を表《あらわ》す「氵《さんずい》」と、なくなるという意味《いみ》の「蔑《べつ》」と同《おな》じ音《おん》の「威《べつ》」をあわせた字《じ》で、もとは「水《みず》がなくなる」という意味《いみ》じゃ。そこから「きえる」「つきる」「ほろびる」という意味《いみ》になったんじゃ。

地球《ちきゅう》から水《みず》が消滅《しょうめつ》したら、人類《じんるい》は絶滅《ぜつめつ》してしまうわね。

水《みず》をはじめとする地球《ちきゅう》の資源《しげん》を日々《ひび》大切《たいせつ》に使《つか》わねばならんということじゃ。

水道《すいどう》の水《みず》はこまめに止《と》めるようにするよ！

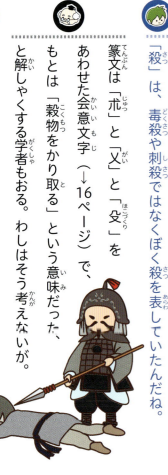

獄

音《おん》	ゴク
部首《ぶしゅ》	犬（けものへん）
画数《かくすう》	14画《かく》

もとの意味《いみ》

二ひきの犬《いぬ》がほえあう

篆文《てんぶん》	金文《きんぶん》

「監獄《かんごく》」「地獄《じごく》」「獄門《ごくもん》」とか、悪《わる》い人《ひと》をとじこめるイメージね。

「獄《ごく》」は、犬《いぬ》が向《む》かいあう形《かたち》の「㹜《ぎん》」と、ことばを表《あらわ》す「言《げん》」をあわせた字《じ》で、もとは二ひきの犬《いぬ》がほえあうという意味《いみ》じゃ。

右側《みぎがわ》は「犬《いぬ》」だけど左側《ひだりがわ》は「犭《けものへん》」だよ。

「犭《けものへん》」は犬《いぬ》を表《あらわ》すんじゃ。ほえあって争《あらそ》うことから人《ひと》が「裁判《さいばん》で言《い》いあう」という意味《いみ》になり、のちに「罪人《ざいにん》を留《と》める所《ところ》」の意味《いみ》が生《しょう》じたんじゃ。

争《あらそ》って吠《ほ》えあう犬《いぬ》にはさまれたらそれは地獄《じごく》だよ……！

凶

音《おん》	キョウ
部首《ぶしゅ》	凵（うけばこ／かんにょう）
画数《かくすう》	4画《かく》

もとの意味《いみ》

器《うつわ》に食物《しょくもつ》がない

篆文《てんぶん》	金文《きんぶん》
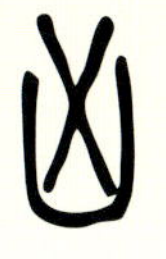	

「凶器《きょうき》」「凶悪《きょうあく》」「凶作《きょうさく》」と、悪《わる》い感《かん》じがたっぷり。

「㐅」の部分《ぶぶん》は凶器《きょうき》でつけられた傷《きず》に見《み》えてさらにこわい感《かん》じがするよ……。

「凶《きょう》」は、ごはんを入《い》れる器《うつわ》の形《かたち》を表《あらわ》す「凵《うけばこ》」と、空《から》っぽという意味《いみ》の「㐅《ご》」とをあわせた字《じ》で、もとは「器《うつわ》に食物《しょくもつ》がない」という意味《いみ》じゃ。その後《ご》「ききん」「わざわい」といった悪《わる》いできごとの意味《いみ》に広《ひろ》がったんじゃ。

この間《あいだ》、おみくじで「凶《きょう》」を引《ひ》いちゃって落《お》ちこんでいます。

「吉凶《きっきょう》はあざなえるなわのごとし」じゃよ。幸福《こうふく》や災《わざわ》いはよりあわせたなわのように交《こう》互《ご》にくるという意味《いみ》じゃ。

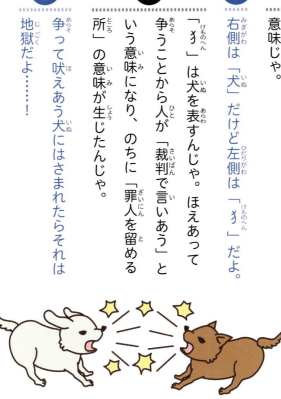

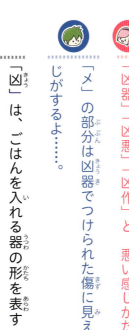

侵

音《おん》	シン
訓《くん》	おか(す)
部首《ぶしゅ》	人(にんべん)
画数《かくすう》	9画《かく》

もとの意味《いみ》

帚《ほうき》ではいてきれいにして進《すす》む

篆文《てんぶん》	金文《きんぶん》
	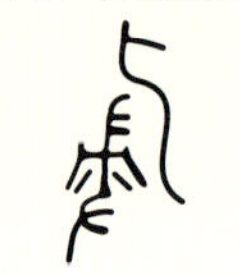

「侵略《しんりゃく》」「侵入《しんにゅう》」「侵害《しんがい》」。他人《たにん》の領域《りょういき》に一方的《いっぽうてき》にふみこんでくるイメージだね。

「侵《しん》」は人《ひと》を表《あらわ》す「亻《にんべん》」と、「帚《ほうき》」という字《じ》をあわせた字《じ》で、もとは「帚《ほうき》ではいてきれいにして進《すす》む」という意味《いみ》じゃった。その後《ご》「しだいに進《すす》む」意味《いみ》となり、さらに他人《たにん》の領域《りょういき》に進《すす》み入《い》る意味《いみ》の「おかす」に変化《へんか》していったのじゃ。

家《いえ》をほうきでそうじしてくれるだけなら大《だい》かんげいだけど。

奪

音《おん》	ダツ
訓《くん》	うば(う)
部首《ぶしゅ》	大(だい)
画数《かくすう》	14画《かく》

もとの意味《いみ》

鳥《とり》が手《て》からぬけ出《だ》す

篆文《てんぶん》	金文《きんぶん》

「奪取《だっしゅ》」「争奪《そうだつ》」「剥奪《はくだつ》」。力《ちから》ずくでうばって自分《じぶん》のものにする感《かん》じだわ。

「奪《だつ》」は、鳥《とり》を表《あらわ》す「隹《ふるとり》」に、手《て》を表《あらわ》す「寸《すん》」と、ぬけ出《で》るという意味《いみ》の「脱《だつ》」と似《に》た音《おん》の「大《たい》」をあわせた字《じ》じゃ。もとは「鳥《とり》が手《て》からぬけ出《だ》す」という意味《いみ》じゃった。そこから「うばわれる」「取《と》り上《あ》げる」意味《いみ》に変《か》わったのじゃ。

もともとは、力《ちから》ずくの感《かん》じはなかったのね。

ハトが手《て》から飛《と》び立《た》つ手品《てじな》を見《み》たら「奪《だつ》」の漢字《かんじ》を思《おも》い出《だ》せばいいね。

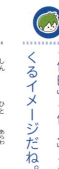

婆

音《おん》	バ
部首《ぶしゅ》	女(おんな)
画数《かくすう》	11画《かく》

もとの意味《いみ》

女《おんな》が回《まわ》ってまう

篆文《てんぶん》	金文《きんぶん》

おばあさんだね。

年月《ねんげつ》という「波《なみ》」をかぶった「女《おんな》」、ということかしら。

「婆《ば》」の異体字《いたいじ》（↓18ページ）は「媻《ば》」じゃ。「女《おんな》」と、「ぐるぐる回《まわ》る」という意味《いみ》の「般旋《はんせん》」の「般《は》」をあわせた字《じ》で、もとは「女《おんな》が回《まわ》ってまう」という意味《いみ》じゃった。「老人《ろうじん》の白《しら》髪《が》」という意味《いみ》の「皤《は》」と音《おん》が同《おな》じだったので「白髪《しらが》の老《ろう》女《じょ》」という意味《いみ》となったのじゃ。

回転《かいてん》しておどる女性《じょせい》だったのね。

では、サンバでおどるのは？

サンバダンサーだ！

ブブー×。産婆《さんば》さん*じゃ。

＊助産師《じょさんし》さん。

禿

音《おん》	トク
訓《くん》	はげ・は(げる)
部首《ぶしゅ》	禾(のぎ)
画数《かくすう》	7画《かく》

もとの意味《いみ》

髪《かみ》の毛《け》がつきてなくなってしまった人《ひと》の頭《あたま》

篆文《てんぶん》	金文《きんぶん》

常用漢字《じょうようかんじ》ではないけど、私知《わたしし》ってるわ。

ぼくも！　ハゲるって字《じ》だよね。

「禿《とく》」は髪《かみ》の毛《け》を表《あらわ》す「毛《もう》」（「禾《のぎ》」は誤《あやま》って伝《つた》えられた形《かたち》）と、「つきてなくなる」という意味《いみ》の「尽《じん》」と同《おな》じ音《おん》の「儿《がい》」をあわせた字《じ》で、「髪《かみ》の毛《け》がつきてなくなってしまった人《ひと》の頭《あたま》」、つまり「はげ頭《あたま》」の意味《いみ》じゃ。昔《むかし》「日本語《にほんご》はすむとにごるで大《おお》ちがい　刷《は》毛《け》に毛《け》があり禿《はげ》に毛《け》がなし」といううざれ歌《うた》*があった。だく点《てん》のあるなしでこんなにちがいがあるのじゃよ。

＊こっけい味《み》のある歌《うた》や狂歌《きょうか》。

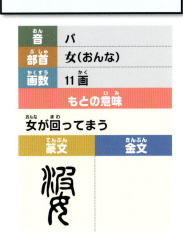

負

音《おん》	フ
訓《くん》	ま(ける)・ま(かす)・お(う)
部首《ぶしゅ》	貝(かい)
画数《かくすう》	9画《かく》

もとの意味《いみ》

人《ひと》を背《せ》に負《お》う

篆文《てんぶん》	金文《きんぶん》

試合《しあい》で敗《やぶ》れることね。

「負《ふ》」は、人《ひと》を表《あらわ》す「⺈」（⺈）と、背中《せなか》という意味《いみ》の「貝《ふ》」をあわせた字《じ》で、もとは「人《ひと》を背《せ》に負《お》う」という意味《いみ》じゃ。敵《てき》に敗《やぶ》れてにげるときに背《せ》を向《む》けることから「まける」「そむく」という意味《いみ》になったのじゃよ。背負《せお》うという言葉《ことば》はまさにそうじゃな。負担《ふたん》、負荷《ふか》などの言葉《ことば》ももとの意味《いみ》に近《ちか》いぞ。

関係《かんけい》ないけど、「⺈」の形《かたち》はトイレでふん張《ば》っている人《ひと》に見《み》えて面白《おもしろ》くて好《す》きだな～。

そうか！　じつはわしも好《す》きじゃ～。

無

音《おん》	ム・ブ
訓《くん》	な(い)
部首《ぶしゅ》	火(れっか)
画数《かくすう》	12画《かく》

もとの意味《いみ》

衣服《いふく》のたもとにかざりをつけた人《ひと》がおどる姿《すがた》

篆文《てんぶん》	金文《きんぶん》

「無限《むげん》」「無料《むりょう》」「無事《ぶじ》」。打《う》ち消《け》しの意味《いみ》ね。

「無《む》」は「衣服《いふく》のたもとにかざりをつけた人《ひと》がおどる姿《すがた》」の象形文字《しょうけいもじ》じゃ。金文《きんぶん》の形《かたち》を見《み》てごらん。

たしかに、かざりをつけた人《ひと》に見《み》えるね。

そうじゃろ。「無《ぶ》」という漢字《かんじ》は「ない」という意味《いみ》の「舞《ぶ》」と同《おな》じ音《おん》だったので、のちに「ない」という意味《いみ》になったんじゃ。一方《いっぽう》で、「舞《まい》」は「無《む》」のもとの意味《いみ》の「まう」を使《つか》うようになったんじゃ。

「無《む》」と「舞《まい》」は形《かたち》が似《に》てますもんね。

意味《いみ》が交《こう》かんされたんだね。

鬱

音《おん》	ウツ
部首《ぶしゅ》	木(き)
画数《かくすう》	29画《かく》

もとの意味《いみ》

樹木《じゅもく》が盛《さか》んにしげった林《はやし》にしっ気《け》がこもる

篆文《てんぶん》	金文《きんぶん》

「憂鬱《ゆううつ》」「鬱病《うつびょう》」の鬱《うつ》です。すごい画数《かくすう》ね。

絶対書《ぜったいか》ける気《き》がしないよぉ！

「鬱《うつ》」は、「木《き》が密集《みっしゅう》した林《はやし》」という意味《いみ》の「林《りん》」と、「林《はやし》にしめった空気《くうき》がこもる」という意味《いみ》の「蔚《うつ》・蘊《うん》」と同《おな》じ音《おん》の「鬯《うつ》」をあわせた字《じ》で、もとは「樹木《じゅもく》が盛《さか》んにしげった林《はやし》にしっ気《け》がこもる」という意味《いみ》なのじゃ。それがやがて「気持《きも》ちがふさがる」という意味《いみ》に使《つか》われるようになったのじゃ。

しっ気《け》がこもっていると憂鬱《ゆううつ》になるものね。

この字《じ》を覚《おぼ》えるのがユーウツなのはたしかだなぁー。

博士《はかせ》の漢字《かんじ》コラム

語呂《ごろ》で覚《おぼ》える難《むずか》しい漢字《かんじ》

覚《おぼ》えるのが難《むずか》しい漢字《かんじ》はたくさんあるが、先人《せんじん》たちはさまざまな語呂《ごろ》あわせを編《あ》み出《だ》してきたぞ。たとえば、二〇一〇年《ねん》に常用漢字《じょうようかんじ》になった「鬱《うつ》」は、「リンカーンはアメリカンコーヒーを三杯飲《ばいの》んだ」という語呂《ごろ》あわせが有名《ゆうめい》じゃ。上部《じょうぶ》は「林《はやし》」の間《あいだ》に「缶《かん》」を書《か》いて完成《かんせい》。下部《かぶ》は、「ワ」を書《か》き、次《つぎ》にアメリカ＝米国《べいこく》＝コメ印《じるし》「※」、「コ」を九〇度回転《どかいてん》させ、「ヒ」を書《か》き、「ノ」を三回書《かいか》いて完成《かんせい》じゃ。

ほかには、「憩《けい》」には「舌《した》を出《だ》す自分《じぶん》の心《こころ》は休憩《きゅうけい》だ」という覚《おぼ》え方《かた》があるし、「薔薇《ばら》」には「佐渡《さど》の人々回転寿司《ひとびとかいてんずし》はサビ一番《ばん》」（「サ」「土《つち》」「人《ひと》」「人《ひと》」「回《かい》」「サ」「微《び》」「一《いち》」）じゃ。「瓜《うり》」と「爪《つめ》」を区別《くべつ》するため「瓜《うり》にツメあり、爪《つめ》にツメなし」というものもある。新《あら》たな語呂《ごろ》あわせを自分《じぶん》で考《かんが》えるのもオススメじゃ。

林缶ワ※冖ヒーを彡飲んだ
（リンカーンはアメリカンコーヒーを三杯飲《ばいの》んだ）

じつはコワい漢字《かんじ》

今《いま》は全然《ぜんぜん》コワくないのに、作《つく》られたときにはおそろしい意《い》味《み》だった漢字《かんじ》ばかりじゃぞ。三〇〇〇年《ねん》の時《とき》におおいかくされた真実《しんじつ》を教《おし》えてあげよう。ちなみに、この「教《きょう》」という漢字《かんじ》もコワ～い意味《いみ》だったのじゃ。

残

音《おん》	ザン
訓《くん》	のこ(る)・のこ(す)
部首《ぶしゅ》	歹(いちたへん／がばねへん／がっつへん)
画数《かくすう》	10画《かく》

もとの意味《いみ》

斬《き》り殺《ころ》す

篆文《てんぶん》	金文《きんぶん》

「残念《ざんねん》」「残暑《ざんしょ》」「残飯《ざんぱん》」と、残《のこ》すという意味《いみ》よね。

残《のこ》り物《もの》には福《ふく》がある！

いや、じつはコワい漢字《かんじ》なのじゃよ。「残《ざん》」の旧字体《きゅうじたい》（→15ページ）は「殘《ざん》」で、死《し》を表《あらわ》す「歹《いちたへん》」と、斬《き》るという意味《いみ》の「斬《ざん》」と似《に》た音《おん》の「戔《さん》」をあわせてできた字《じ》じゃ。もとは「斬《き》り殺《ころ》す」という意味《いみ》だったんじゃが「食《た》べ残《のこ》した肉《にく》」という意味《いみ》の「殅《さん》」と同《おな》じ音《おん》だったので当《あ》て字《じ》で使《つか》われ、次第《しだい》に「のこる」という意味《いみ》になったのじゃ。

斬《き》り殺《ころ》すなんて！

残忍《ざんにん》や残虐《ざんぎゃく》ももとの意味《いみ》に近《ちか》い言葉《ことば》じゃな。

ブルブル……。もとの意味《いみ》はかなり残酷《ざんこく》だね……。

盟

音《おん》	メイ
部首《ぶしゅ》	皿(さら)
画数《かくすう》	13画《かく》

もとの意味《いみ》

血《ち》をすすり飲《の》む

篆文《てんぶん》	金文《きんぶん》

「同盟《どうめい》」「連盟《れんめい》」「加盟《かめい》」。仲間《なかま》になる感《かん》じね。

明《あか》るいお皿《さら》ってことかなあ？

「盟《めい》」は、血《ち》が入《はい》った皿《さら》の形《かたち》を表《あらわ》す「皿《さら》」と、「すする」という意味《いみ》の当《あ》て字《じ》の「朙《べい》」とをあわせた字《じ》で、もとは「血《ち》をすすり飲《の》む」という意味《いみ》じゃ。古代《こだい》の社会《しゃかい》では、約束《やくそく》を定《さだ》めるときにいけにえの動物《どうぶつ》をささげて、当事者同士《とうじしゃどうし》がその血《ち》をすすりあうならわしがあった。その後《ご》「盟《めい》」が「ちかう」の意味《いみ》に当《あ》てられ、そこから「ちかいあった仲間《なかま》」の意味《いみ》に変化《へんか》していったんじゃ。

血《ち》をすすり飲《の》むなんて、コウモリや吸血鬼《きゅうけつき》たちの連盟《れんめい》みたいだね！

刷

音《おん》	サツ
訓《くん》	す(る)
部首《ぶしゅ》	刀(りっとう)
画数《かくすう》	8画《かく》

もとの意味《いみ》

刀《かたな》でけずる

篆文《てんぶん》	金文《きんぶん》

「印刷《いんさつ》」や「刷新《さっしん》」の刷《さつ》だね。

刀《かたな》を表《あらわ》す「刂《りっとう》」と、「けずる」という意味《いみ》の「削《さく》」と同《おな》じ音《おん》の「帍《さく》」をあわせた字《じ》で、もとは「刀《かたな》でけずる」という意味《いみ》じゃ。手《て》に巾《ぬの》を持《も》って拭《ふ》く、ぬぐうという意味《いみ》の「㕞《さつ》」と同《おな》じ音《おん》なので、「こする」や「ぬぐう」という意味《いみ》に使《つか》われだした。

増刷《ぞうさつ》、木版刷《もくはんずり》、見本刷《みほんずり》など、印刷《いんさつ》の用語《ようご》に使《つか》われることが多《おお》いのは「こする」からなのね。

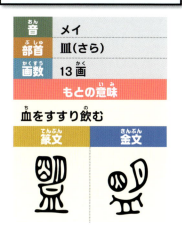

我

音《おん》	ガ
訓《くん》	われ・わ
部首《ぶしゅ》	戈（ほこつくり）
画数《かくすう》	7画《かく》

もとの意味《いみ》

ほこで殺《ころ》す

篆文《てんぶん》	金文《きんぶん》

自分《じぶん》やおのれのことね。

「私《わたし》」や「僕《ぼく》」よりきどってるよね。「我思《われおも》う、故《ゆえ》に我《われ》あり*」。

「我《が》」は、刃《は》がギザギザにとがった戈《ほこ》にかざりをぶらさげた形《かたち》を表《あらわ》した象形文字《しょうけいもじ》で、もとは「戈《ほこ》で殺《ころ》す」という意味《いみ》じゃ。金文《きんぶん》の形《かたち》を見《み》てごらん。

わっ！　たしかに武器《ぶき》みたいだ！

「自分《じぶん》」という意味《いみ》の「吾《ご》」と音《おん》が似《に》ているから、やがて「我《が》」が「おのれ」の意味《いみ》で使《つか》われるようになったんじゃ。

自分《じぶん》とはまったくちがう意味《いみ》だったのね！

＊フランスの哲学者《てつがくしゃ》デカルトの有名《ゆうめい》な言葉《ことば》。あらゆる存在《そんざい》は疑《うたが》うことができるが、そう考《かんが》えている「私《わたし》」の存在《そんざい》は疑《うたが》うことができないという意味《いみ》。

父

音《おん》	フ
訓《くん》	ちち
部首《ぶしゅ》	父（ちち）
画数《かくすう》	4画《かく》

もとの意味《いみ》

手《て》に石《いし》の斧《おの》を持《も》って打《う》つ

篆文《てんぶん》	金文《きんぶん》

男親《おとこおや》が「父《ちち》」だね。

「父《ちち》」は、右手《みぎて》を表《あらわ》す「」（又《また》）と、石《いし》の斧《おの》の形《かたち》を表《あらわ》す「丨」をあわせた字《じ》で、もとは「手《て》に石《いし》の斧《おの》を持《も》って打《う》つ」という意味《いみ》じゃ。「立派《りっぱ》な男《おとこ》」という意味《いみ》の「甫《ふ》」と同《おな》じ音《おん》なのでやがて「男親《おとこおや》」を意味《いみ》するようになったのじゃ。

「斧《おの》」に「父《ちち》」という字《じ》が入《はい》っているのは、もとの意味《いみ》と関係《かんけい》があるのかしら？

斧《おの》の象形文字《しょうけいもじ》が「斤《きん》」で、それに「父《ちち》」をつけたのが「斧《おの》」じゃな。

政

音《おん》	セイ・ショウ
訓《くん》	まつりごと
部首《ぶしゅ》	攵(のぶん)
画数《かくすう》	9画《かく》

もとの意味《いみ》

武器《ぶき》で討《とう》ばつする

篆文《てんぶん》	金文《きんぶん》

「政治《せいじ》」「政府《せいふ》」「行政《ぎょうせい》」。まつりごと、つまり国《くに》を治《おさ》めることね。

「政《せい》」は、「手《て》にぼうを持《も》って打《う》つ」という意味《いみ》の「攵《のぶん》」と、「敵《てき》を討《う》つ」「まっすぐにする」という意味《いみ》の当《あ》て字《じ》「正《せい》」をあわせた字《じ》で、もとは「武器《ぶき》で討《とう》ばつする」という意味《いみ》じゃ。そこから「支配《しはい》する」という意味《いみ》になり、さらに「政治《せいじ》」の意味《いみ》になったんじゃな。

政治《せいじ》って武器《ぶき》の力《ちから》で支配《しはい》するものなの？

政治《せいじ》とは戦争《せんそう》をしないようにすることじゃよ。

干

音《おん》	カン
訓《くん》	ほ(す)・ひ(る)
部首《ぶしゅ》	干(かん)
画数《かくすう》	3画《かく》

もとの意味《いみ》

二《ふた》またにわかれた枝《えだ》で作《つく》った武器《ぶき》

篆文《てんぶん》	金文《きんぶん》

「干拓《かんたく》」や「干物《ひもの》」だと水《みず》が減《へ》ってかわく感《かん》じで、「干渉《かんしょう》」だと関係《かんけい》する感《かん》じね。

「干《かん》」の金文《きんぶん》を見《み》てごらん。これは「二《ふた》またにわかれた枝《えだ》で作《つく》った武器《ぶき》」を表《あらわ》す象形文字《しょうけいもじ》じゃ。

さすまたみたいだね。

この武器《ぶき》で相手《あいて》をつきさすことから「おかす」という意味《いみ》になって、さらに「かかわる」という意味《いみ》に変《か》わった。「かわかす」という意味《いみ》の「乾《かん》」と同《おな》じ音《おん》なので、のちに「かわく」という意味《いみ》でも使《つか》われるようになったのじゃ。

「干《かん》」は、洗《せん》たく物《もの》を干《ほ》す物干《ものほ》しざおに見《み》えたけどちがったんだね。

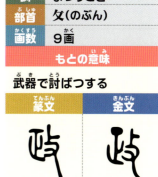

改

音《おん》	カイ
訓《くん》	あらた(める)・あらた(まる)
部首《ぶしゅ》	攵(のぶん)
画数《かくすう》	7画《かく》

もとの意味《いみ》

ムチで鬼《おに》を追《お》いはらう

篆文《てんぶん》

金文《きんぶん》

「改革《かいかく》」「改造《かいぞう》」「改良《かいりょう》」など、何《なに》かを新《あたら》しくするイメージね。

「改《かい》」は、「手《て》にムチを持《も》って打《う》つ」という意味《いみ》を表《あらわ》す「攵《のぶん》」と、「鬼《おに》のような怪物《かいぶつ》」という意味《いみ》の当《あ》て字《じ》「巳《し》」をあわせた字《じ》で、もとは「ムチで鬼《おに》を追《お》いはらう」という意味《いみ》じゃ。昔《むかし》は鬼《おに》を追《お》いはらうぎしきをした後《あと》に、新《あたら》しい年《とし》をむかえたことから、「あたらしくする」「あらためる」という意味《いみ》になったんじゃな。

社会《しゃかい》を改革《かいかく》するにはまず鬼退治《おにたいじ》からだね。

教

音《おん》	キョウ
訓《くん》	おし(える)・おそ(わる)
部首《ぶしゅ》	攵(のぶん)
画数《かくすう》	11画《かく》

もとの意味《いみ》

ムチで打《う》って子《こ》に習《なら》わせる

篆文《てんぶん》

金文《きんぶん》

「教室《きょうしつ》」「教師《きょうし》」「教育《きょういく》」。教《おし》えるという意味《いみ》の漢字《かんじ》ね。

「教《きょう》」は、「手《て》にムチを持《も》って打《う》つ」という意味《いみ》を表《あらわ》す「攵《のぶん》」と、「子《こ》どもが習《なら》う」という意味《いみ》の「效《こう》」と同《おな》じ音《おん》の「孝《こう》」をあわせた字《じ》で、なんと、もともとは「ムチで打《う》って子《こ》に習《なら》わせる」という意味《いみ》なのじゃ。

エーッ！ 先生《せんせい》にムチで打《う》たれながら勉強《べんきょう》するなんていやだよ!!

まあ字《じ》のなりたちはそうだったんじゃ。むろん今《いま》はちがうから安心《あんしん》じゃ。

校

音《おん》	コウ
部首《ぶしゅ》	木(き)
画数《かくすう》	10画《かく》

もとの意味《いみ》

罪人用《ざいにんよう》の木《き》の足《あし》かせ

篆文《てんぶん》	金文《きんぶん》

「学校《がっこう》」「校舎《こうしゃ》」「校庭《こうてい》」。私《わたし》たちが勉強《べんきょう》するところね。

ぼくにとっては、給食《きゅうしょく》を食《た》べたり野球《やきゅう》をしたり友《とも》だちと会《あ》ったりするところ〜。

「校《こう》」は、「木《き》」と、しめつけるという意味《いみ》の「梏《こう》」と同《おな》じ音《おん》の「交《こう》」をあわせた字《じ》で、もとは「罪人用《ざいにんよう》の木《き》の足《あし》かせ」を表《あらわ》していたんじゃ。「校《こう》」は子《こ》どもたちが習《なら》う場所《ばしょ》という意《い》味《み》の「学《がく》」（學《がく》）と古《ふる》くは同《おな》じ音《おん》だったので、当《あ》て字《じ》で使《つか》われ、次第《しだい》に「まなびや」の意味《いみ》になったんじゃ。

学校《がっこう》のもとの意味《いみ》コワッ！

批

音《おん》	ヒ
部首《ぶしゅ》	手(てへん)
画数《かくすう》	7画《かく》

もとの意味《いみ》

ビンタを食《く》らわす

篆文《てんぶん》	金文《きんぶん》

「批評《ひひょう》」「批判《ひはん》」「批難《ひなん》」。作品《さくひん》などの善《よ》し悪《あ》しをあれこれいうことでしょうか。

「批《ひ》」の異体字《いたいじ》（↓18ページ）は「搊《ひ》」。手《て》を表《あらわ》す「扌《てへん》」と、「平手打《ひらてう》ち」という意味《いみ》の当《あ》て字《じ》の「毘《ひ》」をあわせた字《じ》で、もとは「ビンタを食《く》らわす」という意味《いみ》じゃった。昔《むかし》は王様《おうさま》が最後《さいご》に書類《しょるい》に手形《てがた》をおしてOKかどうかを決《き》めておったことから批評《ひひょう》の意味《いみ》で使《つか》われるようになったのじゃな。

本当《ほんとう》の批評《ひひょう》というのはビンタと同《おな》じように強《きょう》れつなものということだね。

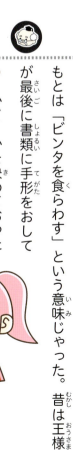

討

音《おん》	トウ
訓《くん》	う(つ)
部首《ぶしゅ》	言(ごんべん)
画数《かくすう》	10画《かく》

もとの意味《いみ》

罪《つみ》を犯《おか》した人《ひと》を言葉《ことば》で責《せ》めたてる

篆文《てんぶん》	金文《きんぶん》

「討論《とうろん》」「討議《とうぎ》」「検討《けんとう》」の討《とう》。

問題《もんだい》を話《はな》しあったり調《しら》べたりする感《かん》じかな。

「討《とう》」は、言葉《ことば》を表《あらわ》す「言《ごんべん》」と、責《せ》めるという意味《いみ》の「誅《しゅ》」と同《おな》じ音《おん》の「寸《しゅ》」をあわせた字《じ》で、もとは「罪《つみ》を犯《おか》した人《ひと》を言葉《ことば》で責《せ》めたてる」という意味《いみ》じゃ。それがさらに「たずねしらべる」「敵《てき》をたおす」意味《いみ》になったんじゃ。意外《いがい》なところで以《い》前《ぜん》のうらみをはらすという意《い》味《み》の「江戸《えど》の敵《かたき》を長崎《ながさき》で討《う》つ」ということわざもあるぞ。

報

音《おん》	ホウ
訓《くん》	むく(いる)
部首《ぶしゅ》	土(つちへん)
画数《かくすう》	12画《かく》

もとの意味《いみ》

罪人《ざいにん》を裁《さば》く

篆文《てんぶん》	金文《きんぶん》

「報告《ほうこく》」「報道《ほうどう》」だと何《なに》かを知《し》らせるだし、「報酬《ほうしゅう》」だとはたらきに見《み》あったお返《かえ》しという感《かん》じね。

「報《ほう》」は、手《て》じょうの形《かたち》を表《あらわ》し、「罪人《ざいにん》」という意味《いみ》の「幸《こう》」と、「二《ふた》つに分《わ》ける」という意味《いみ》の「剖《こう》」と同《おな》じ音《おん》の「𠬝《ほう》」をあわせた字《じ》で、もとは「罪人《ざいにん》を裁《さば》く」という意味《いみ》じゃ。「受《う》けたものを返《かえ》す」という意味《いみ》の「復《ふく》」と音《おん》が似《に》ているので「むくいる」という意味《いみ》になり、さらに「問《と》いかけに対《たい》してしらせる」という報告《ほうこく》の意味《いみ》でも使《つか》われるようになったのじゃ。

仕返《しかえ》しの意味《いみ》の「報復《ほうふく》」は、変化《へんか》していった意味《いみ》を表《あらわ》しているね。

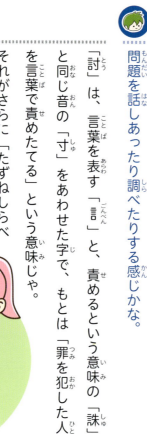

乱

音《おん》	ラン
訓《くん》	みだ(れる)・みだ(す)
部首《ぶしゅ》	乙(おつにょう)
画数《かくすう》	7画《かく》

もとの意味《いみ》

体《からだ》が縮《ちぢ》んだ人《ひと》

篆文《てんぶん》	金文《きんぶん》

「混乱《こんらん》」「乱世《らんせい》」は、ちつ序《じょ》がなくてみだれている感《かん》じ。

「乱発《らんぱつ》」でむやみにという感《かん》じもあるね。

「乱《らん》」の旧字体《きゅうじたい》は「亂《らん》」。背《せ》の曲《ま》がった人《ひと》を表《あらわ》す「乚《おつにょう》」と、「縮《ちぢ》まる」という意味《いみ》の当《あ》て字《じ》の「𤔔《らん》」とをあわせた字《じ》で、もとは「体《からだ》が縮《ちぢ》んだ人《ひと》」の意味《いみ》じゃった。「糸《いと》がもつれる」という意味《いみ》の「䜌《れん》」や「縺《れん》」と音《おん》が似《に》ているので「みだれる」という意味《いみ》になったのじゃ。悲《かな》しいことにわしも年《とし》をとって背《せ》が縮《ちぢ》んでしまったわ……。

足元《あしもと》も乱《みだ》れないように気《き》をつけて下《くだ》さい。

届

訓《くん》	とど(ける)・とど(く)
部首《ぶしゅ》	尸(しかばね)
画数《かくすう》	8画《かく》

もとの意味《いみ》

体《からだ》が弱《よわ》って足元《あしもと》がふらつく

篆文《てんぶん》	金文《きんぶん》

手紙《てがみ》や荷物《にもつ》をだれかに届《とど》けることね。

「届《とどけ》」の旧字体《きゅうじたい》は「屆《かい》」じゃ。弱《よわ》った体《からだ》を表《あらわ》す「尸《しかばね》」と、「後《あと》もどり」という意味《いみ》の「退《たい》」と音《おん》が似《に》ている「凷《かい》」をあわせた字《じ》で、もとは「体《からだ》が弱《よわ》って足元《あしもと》がふらつく」という意味《いみ》じゃ。「ゆきつく」という意味《いみ》の「界《かい》」と音《おん》が似《に》ているので「とどく」という意味《いみ》になったんじゃ。

運送会社《うんそうがいしゃ》の人《ひと》が働《はたら》きすぎて、ふらふらになりながら荷物《にもつ》を持《も》ってきてくれるよう。

いつも不在《ふざい》なのに、「荷物《にもつ》が届《とど》かない」と文句《もんく》ばかりいうのは、不届《ふとど》き者《しゃ》じゃ。

先

音《おん》	セン
訓《くん》	さき
部首《ぶしゅ》	儿（にんにょう）
画数《かくすう》	6画《かく》

もとの意味《いみ》

死《し》んだ人《ひと》

篆文《てんぶん》	金文《きんぶん》

「先頭《せんとう》」「先月《せんげつ》」「先行《せんこう》」。物理的《ぶつりてき》にも時間的《じかんてき》にも前《まえ》であることかしら。

先生《せんせい》は、生徒《せいと》より「先《さき》」に「生《う》」まれたから先生《せんせい》だね。

「先《さき》」は、人《ひと》を表《あらわ》す「儿《にんにょう》」と、死《し》ぬという意味《いみ》の「㞢《せん》」をあわせた字《じ》で、もとは「死《し》んだ人《ひと》」の意味《いみ》じゃ。死者《ししゃ》は今《いま》生《い》きている人《ひと》よりも先《さき》を生《い》きた人《ひと》であることから、「先祖《せんぞ》」の意味《いみ》、さらに「むかし」「さき」の意味《いみ》となったんじゃよ。

今《いま》の社会《しゃかい》があるのは多《おお》くの先人《せんじん》たちのおかげね。

化

音《おん》	カ・ケ
訓《くん》	ば（ける）・ば（かす）
部首《ぶしゅ》	亻（にんべん）
画数《かくすう》	4画《かく》

もとの意味《いみ》

人《ひと》が姿《すがた》を変《か》える

篆文《てんぶん》	金文《きんぶん》

「化学《かがく》」「化石《かせき》」「変化《へんか》」よね。

「化《ば》け物《もの》」もあるよ～！

「化《か》」は、立《た》っている人《ひと》を表《あらわ》す「亻《にんべん》」と、さかさまになった人《ひと》をかたどった「匕《か》」をあわせた字《じ》で、もとは「人《ひと》が姿《すがた》を変《か》える」という意味《いみ》じゃった。そこから「かわる」「ばける」という意味《いみ》になったんじゃ。

やはりお化《ば》けは、もとは人間《にんげん》だったのか……。

「一念化生《いちねんけしょう》」は強《つよ》く念《ねん》じること で、別《べつ》の姿《すがた》になること。心《こころ》次第《しだい》で、お化《ば》けにも仏《ほとけ》にもなれるということなのよ。

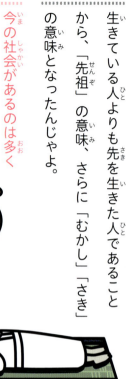

古

音《おん》	コ
訓《くん》	ふる(い)・ふる(す)
部首《ぶしゅ》	口(くち)
画数《かくすう》	5画《かく》

もとの意味《いみ》

先祖《せんぞ》の頭《ず》がい骨《こつ》

篆文《てんぶん》	金文《きんぶん》

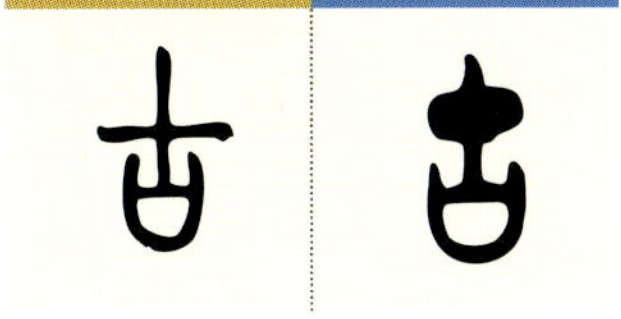

「古代《こだい》」「古風《こふう》」「古典《こてん》」と、過去《かこ》とか、時間《じかん》がだいぶ経《た》ったイメージね。

「古《こ》」は、人間《にんげん》の先祖《せんぞ》にあたる神《かみ》の頭《あたま》に似《に》せてつくった「魌頭《きとう》*1」の象形文字《しょうけいもじ》じゃ。古代《こだい》では、頭《ず》がい骨《こつ》を「尸神《ししん》*2」として祭《まつ》っておった。のちに頭《ず》がい骨《こつ》を模《も》した「魌頭《きとう》」を作《つく》って祭《まつ》るようになった。「魌頭《きとう》」ではなく、頭《ず》がい骨《こつ》そのものをかいた象形文字《しょうけいもじ》だという説《せつ》もあるのじゃよ。

先祖《せんぞ》の頭《ず》がい骨《こつ》！　ちょっと不気味《ぶきみ》だ……。

先祖《せんぞ》の頭《ず》がい骨《こつ》なのだからもちろん古《ふる》い。そこから「ふるい」という意味《いみ》になったんじゃ。

*1 節分《せつぶん》の豆《まめ》まきにかぶる大《おお》きな鬼《おに》の面《めん》。
*2 先祖《せんぞ》の神《かみ》。

博士《はかせ》の漢字《かんじ》コラム

なんでこんなにコワいの!?

78〜87ページでしょうかいした「じつはコワい漢字《かんじ》」はほかにもたくさんあるんじゃ。

特殊《とくしゅ》、殊勲《しゅくん》などで使《つか》う「殊《しゅ》」は、もとは「身体《しんたい》をバラバラにする」という意味《いみ》じゃった。

増殖《ぞうしょく》、繁殖《はんしょく》などで使《つか》う「殖《しょく》」は、「死体《したい》がくさってドロドロになる」という意味《いみ》だったのじゃ。

毅然《きぜん》、剛毅《ごうき》の「毅《き》」は「戈《ほこ》でかり殺《ころ》す」という意味《いみ》で、完了《かんりょう》、了解《りょうかい》の「了《りょう》」は「両《りょう》うでを切《き》り落《お》とされた子《こ》ども」の意味《いみ》じゃった。

学童《がくどう》、児童《じどう》の「童《どう》」は「目《め》をはものでついて見《み》えなくしたどれい」(または入《い》れズミをしたどれい)という意味《いみ》じゃった。おそろしいのう。

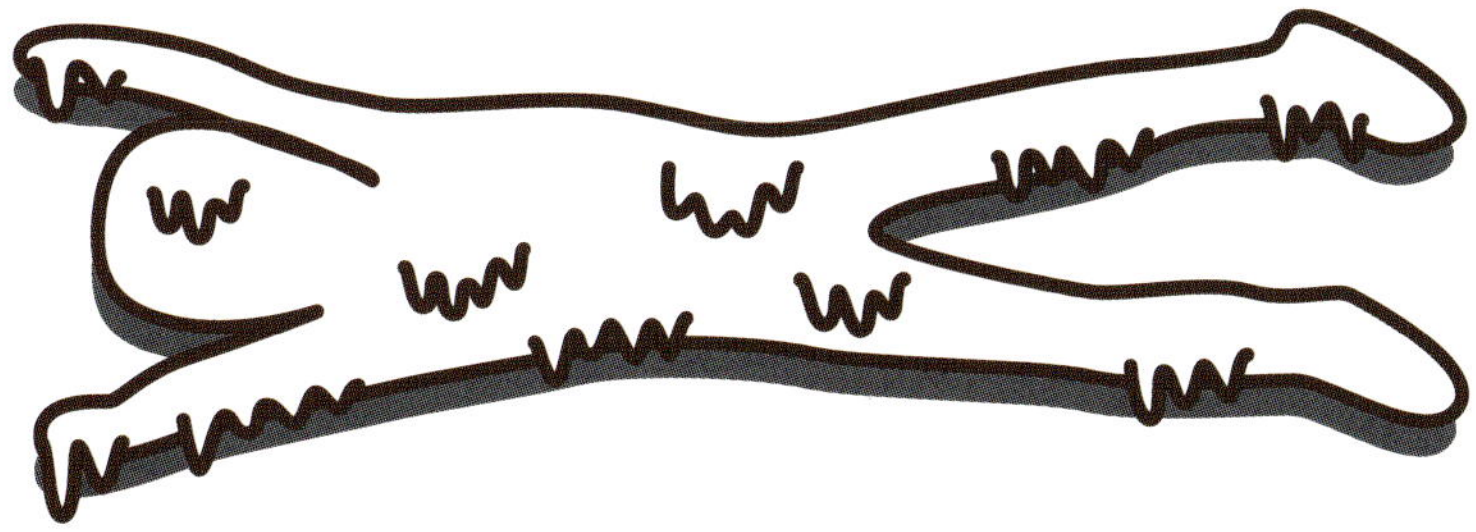

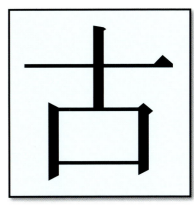

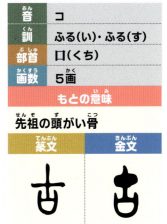

博士《はかせ》の漢字《かんじ》コラム

日本《にほん》にしかない漢字《かんじ》

漢字《かんじ》は中国《ちゅうごく》で生《う》まれた字《じ》じゃが、漢字《かんじ》が輸入《ゆにゅう》されたそれぞれの国《くに》では、その使《つか》い勝手《がって》にあわせて「国字《こくじ》」が発展《はってん》していった。日本《にほん》の国字《こくじ》（和製漢《わせいかん》字《じ》）には、「峠《とうげ》」「辻《つじ》」「笹《ささ》」「榊《さかき》」「栃《とち》」「畑《はたけ》」「畠《はた》」「匂《におい》」「凧《たこ》」「凩《こがらし》」「凪《なぎ》」「躾《しつけ》」「働《どう》」など一四〇字《じ》ほどあるぞ。

たとえば「畑《はたけ》」は田《た》を火《ひ》で焼《や》いて畑《はたけ》にするから「火《ひ》＋田《た》」、「働《どう》」は人《ひと》が動《うご》いてはたらくので「人《ひと》＋動《どう》」というように複数《ふくすう》の意味《いみ》を組《く》みあわせてできたものばかりじゃ。また、国字《こくじ》には訓読《くんよ》みしかないのがふつうで、「働《どう》」のように音読《おんよ》みがあるのは珍《めずら》しいケースじゃな。

おすし屋《や》さんに行《い》くと、魚《さかな》の種類《しゅるい》を表《あらわ》す魚《さかな》へんの漢字《かんじ》をよく見《み》かけるが、じつは国字《こくじ》と漢字《かんじ》が混《こん》在《ざい》しておるのじゃ。「鱈《たら》」「鱚《きす》」「鰰《はたはた》」「鰯《いわし》」などは国字《こくじ》じゃ。「鯵《あじ》」「鯖《さば》」「鰹《かつお》」「鮪《まぐろ》」「鮭《さけ》」などは中国《ちゅうごく》では別《べつ》の魚《さかな》に使《つか》われておる。「鱸《すずき》」「鯛《たい》」「鱒《ます》」は日本《にほん》と中国《ちゅうごく》で同《おな》じ魚《さかな》を示《しめ》していたりと、かなりややこしいのじゃ。

第《だい》2章《しょう》

漢《かん》字《じ》辞《じ》典《てん》にのっているヘンな漢《かん》字《じ》

漢《かん》賊《ぞく》すごろく PART Ⅱ

㐺 シュウ

多《おお》くの人《ひと》

(→ 92 ページ)

船《ふね》が浅《あさ》せに乗《の》り上《あ》げちゃった！　島《しま》に住《す》むたくさんの人《ひと》が船《ふね》をおしてくれたよ。

サイコロを振《ふ》って2か3が出《で》たら緑《みどり》の矢印《やじるし》でワープ！

嬈 ジョウ

なよなよとやわらかくて美《うつく》しい

(→ 94 ページ)

ごうか客船《きゃくせん》とすれちがう。もじおくん、乗《の》っているきれいな女性《じょせい》に恋《こい》わずらい。

1回休《かいやす》み

奋 ハン

顔《かお》が大《おお》きい

(→ 93 ページ)

海《うみ》の中《なか》から大《おお》きな顔《かお》のモンスターが出現してダッシュでにげる！　2マスもどる

玗 ウ

美《うつく》しい石《いし》

(→ 94 ページ)

ひょう流《りゅう》していた王子様《おうじさま》を助《たす》けたら、きれいな石《いし》をもらったよ。

サイコロをもう1回《かい》

馬 ケン

一才《さい》の馬《うま》

(→ 104 ページ)

子馬《こうま》の島《しま》に上陸《じょうりく》。鳴《な》きマネしよう。

悪 ケン

急《いそ》ぐこと

(→ 97 ページ)

巨人《きょじん》につかまった。お皿《さら》に乗《の》せられて、食《た》べられちゃう！　急《いそ》いでにげろ！　1マス進《すす》む

令 トウ

速《はや》く進《すす》む

(→ 105 ページ)

早口言葉《はやくちことば》を3回言《かいい》えたら4マス進《すす》む！

カン

役人《やくにん》

（→ 124ページ）

海賊取《かいぞくと》りしまり官《かん》につかまってしまった！　なんとかにげたけど……。

5マスもどる

ホウ　ほめること

（→ 108ページ）

となりの人《ひと》のいい所《ところ》を一《ひと》つあげてほめよう。

ライ

雷《かみなり》

（→ 110ページ）

雷《かみなり》が落《お》ちた！

黄色《きいろ》の矢印《やじるし》のマスにもどる

𪚥

テツ・テチ

口数《くちかず》が多《おお》い

（→ 110ページ）

おしゃべりな龍《りゅう》が4匹《ひき》！　かんこちゃんと意気投合《いきとうごう》しちゃった……。

サイコロを振《ふ》って偶数《ぐうすう》ならおしゃべりを止《と》めるのに成功《せいこう》！　奇数《きすう》なら失敗《しっぱい》で1回休《かいやす》み

タ

多《おお》い

（→ 114ページ）

かんこちゃんに多《おお》くのお宝《たから》を運《はこ》ばされ、つかれはててヨタヨタ歩《ある》きに……。　2回休《かいやす》み

タツ

止《と》まる、とどまる

（→ 107ページ）

もう夜《よる》だ！　ねむくてもう進《すす》めない。　船《ふね》を止《と》めて1回休《かいやす》み

一文字《ひともじ》で熟語《じゅくご》のような漢字《かんじ》

一見《いっけん》、一《ひと》つの熟語《じゅくご》にも見《み》えるが、じつは一文字《ひともじ》というユニークな漢字《かんじ》をしょうかいしよう。ふだんはなかなか見《み》ることがないじゃろうが、どんな意味《いみ》か考《かんが》えながら学《まな》ぶとおもしろいぞ。

㐺

音《おん》	シュウ
部首《ぶしゅ》	人(ひと)
画数《かくすう》	6画《かく》

もとの意味《いみ》

人《ひと》が多《おお》く集《あつ》まる、多《おお》くの人《ひと》

この漢字《かんじ》は「いい人《ひと》」っていう意味《いみ》かな〜。

「㐺《しゅう》」は「衆《しゅう》」の本字《ほんじ》（→18ページ）じゃ。「㐺《しゅう》」が「眾《しゅう》」となり、そこから「衆《しゅう》」に変化《へんか》していったんじゃ。人《ひと》を表《あらわ》す字《じ》を三《みっ》つあわせて、「人《ひと》が多《おお》く集《あつ》まる、多《おお》くの人《ひと》」という意味《いみ》になる。

たしかに、「民衆《みんしゅう》」や「観衆《かんしゅう》」などの言葉《ことば》からしても、「衆《しゅう》」という字《じ》は人《ひと》が多《おお》い感《かん》じがするわ。

ちなみに、「眾《しゅう》」の上《うえ》の部分《ぶぶん》は「目《め》」を横《よこ》にした形《かたち》で、「目《め》」は「頭数《あたまかず》」の意味《いみ》じゃ。「衆《しゅう》」の漢字《かんじ》では「血《ち》」に変《か》わっているがな。

「血《ち》」の下《した》にたくさん集《あつ》まるなんて、コウモリみたいな漢字《かんじ》だね。

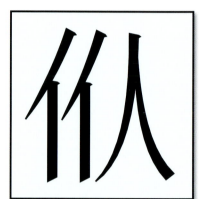

奤

音《おん》	ハン・タイ
部首《ぶしゅ》	大（だい）
画数《かくすう》	12画《かく》

もとの意味《いみ》

顔《かお》が大《おお》きい

顔《かお》がデカいってことかなあ？

もじおくん、正解《せいかい》！　まさしく「奤《はん》」は「顔《かお》が大《おお》きい」という意味《いみ》の漢字《かんじ》じゃ。読《よ》み方《かた》に「ハン」のほかに「タイ」の音《おん》もあるのじゃが、「タイ」と読《よ》むときは「人《ひと》をののしる」という意味《いみ》になるんじゃ。

もし顔《かお》が大《おお》きい人《ひと》にののしられたらこわいわね。

いばっている人《ひと》のことを、「大《おお》きな顔《かお》をする」とも言《い》うね。

「顔《かお》が広《ひろ》い」なら、「知《し》り合《あ》いが多《おお》い」で、いい意味《いみ》だけどね。

毦

音《おん》	ジ
部首《ぶしゅ》	毛（け）
画数《かくすう》	10画《かく》

もとの意味《いみ》

毛《け》のかざり物《もの》、羽毛《うもう》のかざり

耳《みみ》から出《で》ている毛《け》のことかな？

そんなふざけた漢字《かんじ》なんてないわよ！

「毦《じ》」は体《からだ》の表面《ひょうめん》に生《は》える「け」を表《あらわ》した象形文字《しょうけいもじ》の「毛《もう》」と、「垂《た》れ下《さ》がる」という意味《いみ》の「耳《じ》」をあわせた字《じ》で、「毛《け》のかざり物《もの》、羽毛《うもう》のかざり」という意味《いみ》の字《じ》じゃ。

じゃあ、かんこちゃんもつけるといいね！

私《わたし》もファーのかざりが似《に》あう大人《おとな》の女性《じょせい》になりたいわ。

⿱大好

音《おん》	ジョウ
部首《ぶしゅ》	大(だい)
画数《かくすう》	9画《かく》

もとの意味《いみ》

なよなよとやわらかくて美《うつく》しい

愛《あい》する気持《きも》ちを一文字《ひともじ》で伝《つた》えるとき使《つか》いたいステキな字《じ》ね！

「大《おお》」きな「女子《じょし》」とも読《よ》めるね。

「⿱大好《じょう》」の「大《だい》」は、昔《むかし》は「すてき」という意味《いみ》じゃった。「好《こう》」は子《こ》どもに対《たい》する母親《ははおや》の姿《すがた》の美《うつく》しさを表《あらわ》しておる。「なよなよとして美《うつく》しい」という意味《いみ》の「嫋《じょう》」の読《よ》み方《かた》をもらったため、「⿱大好《じょう》」も、「なよなよとやわらかくて美《うつく》しい」という意味《いみ》なんじゃ。

「なよ竹《たけ》のかぐやひめ」はなよなよと美《うつく》しいひめってこと？

その「なよ」は竹《たけ》にかかっているから、しなやかな竹《たけ》という意味《いみ》よ。

玗

音《おん》	ウ
部首《ぶしゅ》	王(おうへん)
画数《かくすう》	7画《かく》

もとの意味《いみ》

玉《たま》に似《に》た美《うつく》しい石《いし》

王様《おうさま》の子《こ》ども、プリンスね。

「玗《う》」は、「玗《う》(⿰王亏《う》)」と同《おな》じ漢字《かんじ》とされている。「玗《う》」は、「玉《ぎょく》(王《おう》)*」と、「美《うつく》しい」という意味《いみ》の「亐《う》」をあわせた字《じ》で、「玉《たま》に似《に》た美《うつく》しい石《いし》」という意味《いみ》じゃ。ちなみに、「王《おう》」は「大《おお》きなおの」の象形文字《しょうけいもじ》で、「玉《ぎょく》」は「ひもでつらぬいた三《みっ》つの宝石《ほうせき》」の象形文字《しょうけいもじ》。もともと別《べつ》の由来《ゆらい》の字《じ》じゃったが、部首《ぶしゅ》としては同《おな》じようにあつかうんじゃよ。

王子《おうじ》と玉子《たまご》じゃ、月《つき》とスッポンだけど。

＊ひすいなど、東洋《とうよう》で価値《かち》のあるものとされた美《うつく》しい石《いし》のこと。

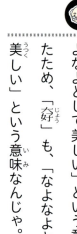

〓

音《おん》	サイ
部首《ぶしゅ》	戈(ほこがまえ)
画数《かくすう》	14画《かく》

もとの意味《いみ》

楚《そ》の国《くに》の人《ひと》の名《な》

成人《せいじん》していない子《こ》どものことかしら?

じつは、この字《じ》については、よくわからんのじゃ……。

えっ!?　博士《はかせ》でも……?

「〓《さい》」は『漢語大字典《かんごだいじてん》』によれば、「楚《そ》*の国《くに》の人《ひと》にこの字《じ》の名《な》があり、南方《なんぽう》の国々《くにぐに》の俗字《ぞくじ》であろう」とのことじゃが、それ以外《いがい》は不明《ふめい》なんじゃ。

でももし「〓《さい》」なんて名字《みょうじ》だったら、成人《せいじん》になったらおかしいような。

* 戦国七雄《せんごくしちゆう》の一《いち》として知《し》られた古代中国《こだいちゅうごく》の国名《こくめい》。

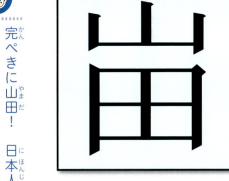

〓

音《おん》	ホウ
部首《ぶしゅ》	山(やま)
画数《かくすう》	8画《かく》

もとの意味《いみ》

くに

完《かん》ぺきに山田《やまだ》!　日本人《にほんじん》に多《おお》い名字《みょうじ》だから、一文字《ひともじ》にまとめたのかなあ?

「〓《ほう》」は、「邦《ほう》」の異体字《いたいじ》(→18ページ)じゃ。「邦《ほう》」は、「村里《むらざと》」を意味《いみ》する「阝《おおざと》」と、「盛《さか》んにしげる」という意味《いみ》の「豊《ほう》」と同《おな》じ音《おん》の「丰《ほう》」をあわせた字《じ》で、「葉《は》が盛《さか》んにしげる木《き》を植《う》えて田《た》や村《むら》の境《さかい》とした区域《くいき》」、つまり「くに」の意味《いみ》なんじゃよ。

ホウ。

⿱⿰工口心

音《おん》	キョウ
部首《ぶしゅ》	心(こころ)
画数《かくすう》	10画《かく》

もとの意味《いみ》

心《こころ》がおそれる

どう見《み》ても「エロ心《こころ》」と読《よ》めるわ。

「⿱⿰工口心《きょう》」は「恐《きょう》」の俗字《ぞくじ》（→18ページ）じゃよ。「心《こころ》」と、「おそれる」という意味《いみ》の「兇《きょう》」と同《おな》じ音《おん》の「巩《きょう》」とをあわせた字《じ》で、「心《こころ》がおそれる」という意味《いみ》じゃ。「恐《きょう》」の上部《じょうぶ》にある「巩《きょう》」の右側《みぎがわ》が、次第《しだい》に単純《たんじゅん》化《か》して「口《こう》」になったんじゃろうな。

どこかで見《み》たことある漢字《かんじ》だと思《おも》ったら「恐《きょう》」という漢字《かんじ》だったのか。

忑

音《おん》	トウ・トク
部首《ぶしゅ》	心(こころ)
画数《かくすう》	13画《かく》

もとの意味《いみ》

心《こころ》がむなしい、おそれる、びくびくする

下心《したごころ》のこと？

「忑《とう》」は「心《こころ》がむなしい」「おそれる」「びくびくする」という意味《いみ》じゃな。じつは「忐《たん》」という字《じ》もあるんじゃが、意《い》味《み》は「忑《とう》」と同《おな》じなんじゃ。二《ふた》つあわせた「忐忑《たんとう》」という熟語《じゅくご》も「心《こころ》がむなしい」「びくびくする」という意味《いみ》じゃ。ちなみに、「恭《きょう》」や「慕《ぼ》」の字《じ》の下《した》の部分《ぶぶん》にある「㣺」は「したごころ」という部首《ぶしゅ》じゃ。

忐忑《たんとう》、で同《おな》じ意味《いみ》……。心《こころ》が上《うえ》に下《した》にとドキドキビクビク動《うご》くのね。

⿱女心

音《おん》	ジョ
部首《ぶしゅ》	心（こころ）
画数《かくすう》	7画《かく》

もとの意味《いみ》

心《こころ》ゆるやかに相手《あいて》を許《ゆる》す、思《おも》いやる

「女心《おんなごころ》と秋《あき》の空《そら》」と言《い》うわ。この字《じ》の意味《いみ》は「変《か》わりやすい」かしら？

「⿱女心《じょ》」は「恕《じょ》」の異体字《いたいじ》じゃ。「心《こころ》」と、「ゆるやかな」という意味《いみ》の「舒《じょ》」と同《おな》じ音《おん》の「如《じょ》」とをあわせた字《じ》で、「心《こころ》ゆるやかに相手《あいて》を許《ゆる》す、思《おも》いやる」という意味《いみ》じゃ。

思《おも》いやりをもって心《こころ》ゆるやかに許《ゆる》す。優《やさ》しい人《ひと》の意味《いみ》だね。

男心《おとこごころ》、もあるといいわねー。

⿱皿心

音《おん》	ケン
部首《ぶしゅ》	心（こころ）
画数《かくすう》	10画《かく》

もとの意味《いみ》

追《お》いつこうと気《き》ぜわしい

一皿《ひとさら》の心《こころ》、に見《み》えるわ。

おかわりをしないで一皿《ひとさら》だけにしておこう、というダイエット漢字《かんじ》だったら、おもしろいね。

「⿱皿心《けん》」は「急《きゅう》」（→33ページ）の異体字《いたいじ》で、「性急《せいきゅう》、きみじか」の意味《いみ》じゃ。ちなみに「急《きゅう》」は、「心《こころ》」と「追《お》いつこうとせく」という意味《いみ》の「及《きゅう》」をあわせた字《じ》で、もとは「追《お》いつこうと気《き》ぜわしい」という意味《いみ》。そこから広《ひろ》がって「いそぐ」「進行《しんこう》が早《はや》い」を意味《いみ》するようになったんじゃ。

急激《きゅうげき》なダイエットは危険《きけん》だよ。

⿱宄敗

音《おん》	キュウ
部首《ぶしゅ》	宀（うかんむり）
画数《かくすう》	16画《かく》

もとの意味《いみ》

せまい穴《あな》の部屋《へや》

上《うえ》から読《よ》めば、「ウ、九敗《きゅうはい》」。

負《ま》け続《つづ》けている力士《りきし》がなげいているみたいね。

「⿱宄敗《きゅう》」は「究《きゅう》」の異体字《いたいじ》じゃ。「究《きゅう》」は、「穴《けつ》」という字《じ》と、きゅうくつという意味《いみ》の当《あ》て字《じ》の「九《きゅう》」とをあわせた字《じ》で、もとは「せまい穴《あな》の部屋《へや》」という意味《いみ》じゃ。「⿱宄敗《きゅう》」の下部《かぶ》にある「敗《はい》」はもとは「打《う》ちこわす」という意味《いみ》で、「⿱宄敗《きゅう》」は「岩《いわ》をこわして作《つく》ったせまい穴《あな》の居室《きょしつ》」を意味《いみ》している。

連敗《れんぱい》したら穴《あな》にかくれたくなるね。

瑬

音《おん》	リュウ
部首《ぶしゅ》	玉（ぎょく）
画数《かくすう》	14画《かく》

もとの意味《いみ》

美《うつく》しい玉《たま》

流《なが》れ玉《だま》には当《あ》たりたくないよ！

「瑬《りゅう》」は「かんむりの前後《ぜんご》に垂《た》れさがる玉《たま》かざり、美《うつく》しい玉《たま》」の意味《いみ》じゃ。かんむりのかざりだけでなく、ネックレスなどにも使《つか》われた装飾《そうしょく》で、それが「リュウ」と呼《よ》ばれていたので、その読《よ》みになったのじゃろう。もちろん、身分《みぶん》の高《たか》い人《ひと》が特別《とくべつ》な祭礼《さいれい》のときに使《つか》う装飾品《そうしょくひん》のはずじゃ。

私《わたし》、それなら当《あ》たってもいいかも♡

臰

音《おん》	シュウ
部首《ぶしゅ》	自（みずから）
画数《かくすう》	12画《かく》

もとの意味《いみ》

犬《いぬ》が鼻《はな》でけもののにおいをかぐ

「自《じ》」分《ぶん》で「死《し》」ぬ。「自殺《じさつ》」ですか？

「臰《しゅう》」は「臭《しゅう》」の異体字《いたいじ》じゃ。「臭《しゅう》」の下《した》の部分《ぶぶん》は、本来《ほんらい》は「大《だい》」でなく「犬《けん》」だった。「自《じ》」は鼻《はな》の象形文字《しょうけいもじ》で、「臭《しゅう》」は「犬《いぬ》が鼻《はな》でけもののにおいをかぐ」という意味《いみ》。もとは「いいにおい」のことじゃったが、次第《しだい》に「くさいにおい」に使《つか》われるようになったのじゃ。

だんだんけものがくさくなってきたのかしら……？

ちなみに「臭《しゅう》」の字形《じけい》に近《ちか》い「殠《しゅう》」という字《じ》は、「けものの死《し》体《たい》のくさったにおい」という意味《いみ》じゃ。

歪

音《おん》	ワイ
訓《くん》	ゆが(む)
部首《ぶしゅ》	止（とめる）
画数《かくすう》	9画《かく》

もとの意味《いみ》

ゆがんで正《ただ》しくない

見《み》るからに不正《ふせい》だけど……。

「歪《わい》」は正《ただ》しいという意味《いみ》の「正《せい》」と、否定《ひてい》の意味《いみ》の「不《ふ》」とをあわせた字《じ》で、「ゆがんで正《ただ》しくない」という意味《いみ》じゃ。「ワイ」の音《おん》は、「まがりそむく、ゆがむ」という意味《いみ》を示《しめ》しているのじゃよ。

そういえば、歪曲《わいきょく》（物《もの》をゆがめまげること。また、事実《じじつ》をわざとゆがめて伝《つた》えること）という熟語《じゅくご》で見《み》たことがあったわ。

知《し》っている漢字《かんじ》でもじーっと見《み》ているとヘンな漢字《かんじ》に見《み》えてくるね。

騼

音《おん》	ロク
部首《ぶしゅ》	馬(うま)
画数《かくすう》	20画《かく》

もとの意味《いみ》

野《の》馬《うま》、体《からだ》の小《ちい》さい馬《うま》

馬《うま》＋鹿《しか》＝バカ？

「騼《ろく》」は「バカ」ではなく、「野馬《のうま》、体《からだ》の小《ちい》さい馬《うま》」のことじゃ。

「馬鹿《ばか》」は中国《ちゅうごく》の故事《こじ》が由来《ゆらい》だと何《なに》かで見《み》たけど……。

『史記《しき》＊』に収録《しゅうろく》されている「鹿《しか》を指《さ》して馬《うま》となす」じゃな。秦《しん》の始皇帝《しこうてい》の息子《むすこ》に、家来《けらい》が、鹿《しか》を馬《うま》と言《い》ってけん上《じょう》し、これを鹿《しか》だと言《い》った者《もの》を殺《ころ》したという話《はなし》じゃ。ただ、古代《こだい》インドのサンスクリット語《ご》の「おろか」を意味《いみ》する言葉《ことば》に日本《にほん》で「馬鹿《ばか》」と当《あ》てたという説《せつ》のほうが有力《ゆうりょく》じゃ。

馬《うま》さんや鹿《しか》さんには迷《めい》わくな話《はなし》だね。

＊およそ二〇〇〇年前《ねんまえ》に中国《ちゅうごく》で作《つく》られた歴史書《れきししょ》。

⿰馬骨

音《おん》	コツ
部首《ぶしゅ》	馬(うま)
画数《かくすう》	20画《かく》

もとの意味《いみ》

北海《ほっかい》に現《あらわ》れるけものの名《な》

「馬《うま》の骨《ほね》」というと、どこのだれだかわからない人《ひと》、素性《すじょう》のはっきりしない人《ひと》を指《さ》すわね。

うむ。じゃが、「⿰馬骨《こつ》」はそんな意味《いみ》ではないな。「北海《ほっかい》に現《あらわ》れるけものの名《な》」に使《つか》われた漢字《かんじ》じゃ。北海《ほっかい》とは、北《きた》ヨーロッパの北海《ほっかい》ではなくたんなる北《きた》の海《うみ》じゃ。

北《きた》の海《うみ》に現《あらわ》れるけものって、オットセイやトドなのかな？

けものが何《なに》かはわかっておらんのじゃ。

じゃあ、やっぱり「どこのだれだかわからない」けものということで、馬《うま》の骨《ほね》なのね。

⿱便虫

音《おん》	ヘン
部首《ぶしゅ》	虫（むし）
画数《かくすう》	9画《かく》

もとの意味《いみ》

すなじらみ

便所虫《べんじょむし》……？　なんだか、あんまりいい虫《むし》ではなさそう。

「⿱便虫《へん》」は、「すなじらみ」「あすべ」という虫《むし》の名《な》じゃ。すなじらみは虱《しらみ》の一種《いっしゅ》で「砂蝨《すなじらみ》」とか「沙蝨《すなじらみ》」と書《か》くんじゃ。ちなみに、「虫《むし》」と「便《びん》」をへんとつくりの関係《かんけい》にした「⿰虫便《へん》」という字《じ》もあり、意味《いみ》も「すなじらみ」「あすべ」で同《おな》じじゃ。

害虫《がいちゅう》だけど、お便所《べんじょ》とは関係《かんけい》ないのね。

⿰牛角

音《おん》	ソ・ソウ・ジョウ
部首《ぶしゅ》	角（かく）
画数《かくすう》	11画《かく》

もとの意味《いみ》

牛《うし》の角《かど》が長《なが》くするどい

焼肉屋《やきにくや》さんの名前《なまえ》ね！

「⿰牛角《そ》」は、「牛《うし》」と角《つの》が長《なが》いという意味《いみ》の「衝《そう》」を省略《しょうりゃく》した「角《かく》」をあわせた字《じ》で、「牛《うし》の角《つの》が長《なが》くするどい」という意《い》味《み》じゃ。ちなみに、互《たが》いの力量《りきりょう》が同程度《どうていど》の様子《ようす》を意味《いみ》する熟語《じゅくご》の「互角《ごかく》」は、「牛角《ごかく》」とも書《か》くのじゃよ。牛《うし》の左右《さゆう》の角《つの》が互《たが》いに長短《ちょうたん》も大小《だいしょう》もないことが由来《ゆらい》じゃ。

ぼくたちの漢字力《かんじりょく》は、牛角《ごかく》だねえ！

そ、そうかしら……!?

⿰魚肉

音《おん》	ボク・モク
部首《ぶしゅ》	魚（うおへん）
画数《かくすう》	17画《かく》

もとの意味《いみ》

マグロの一種《いっしゅ》

魚《さかな》のすり身《み》でできた「魚肉《ぎょにく》ソーセージ」を思《おも》い出《だ》すね。

「⿰魚肉《ぼく》」は「シビ」という魚《さかな》の名前《なまえ》じゃ。マグロの一種《いっしゅ》にあたるようじゃな。「魶《どう》」の誤《あやま》った形《かたち》とされておる。

「内《うち》」と「肉《にく》」は形《かたち》が似《に》ているね。

ちなみに、「魶《どう》」には、「子《こ》どもの泣《な》き声《ごえ》のような音《おと》を出《だ》すサンショウウオ」という意味《いみ》だとする説《せつ》もあるぞ。

マグロは魚肉《ぎょにく》ソーセージの原料《げんりょう》にもなるし、あながちまちがっていないわね。

⿱疑肉

音《おん》	ギョウ
部首《ぶしゅ》	肉（にく）
画数《かくすう》	20画《かく》

もとの意味《いみ》

肥《こ》える

疑《ぎ》わくの肉《にく》!?

さすがに食《た》べたくないなぁー。

「⿱疑肉《ぎょう》」は「肥《こ》える」という意味《いみ》じゃ。「疑《ぎ》」という漢字《かんじ》には「ギ」のほかに「ギョウ」という音《おん》がある。同《おな》じ音《おん》の「凝《ぎょう》」に凝《ぎょう》固《こ》や凝結《ぎょうけつ》という「凝《こ》る」「固《かた》まる」という意味《いみ》があるように、「疑《ぎ》」にも同《おな》じ意味《いみ》がある。体《からだ》についた肉《にく》が凝《こ》り固《かた》まり、「肥《こ》える」という意味《いみ》になったのじゃろう。

疑《うたが》わしいというより「凝《こ》り固《かた》まった肉《にく》」ということね。

やっぱり食《た》べたくない!

⿰肉去

音《おん》	キョ・キョウ
部首《ぶしゅ》	肉（にく）
画数《かくすう》	11画《かく》

もとの意味《いみ》

わき、わきの下《した》

肉《にく》が去《さ》っていく感《かん》じね。

もしかしたらダイエットに関係《かんけい》する漢字《かんじ》かなあ？

「⿰肉去《きょ》」は、「からだ」という意味《いみ》の「肉《にく》」と、「わき」という意味《いみ》の「去《きょ》」とをあわせた字《じ》じゃ。つまり「わき、わきの下《した》」の意味《いみ》じゃ。「肉《にく》」を「月《にくづき》」に変《か》えた「胠《きょ》」という漢字《かんじ》もある。意味《いみ》は同《おな》じく、「わきの下《した》」じゃが、「軍陣《ぐんじん》の右《う》よく」や、「ひらく・あける」という意味《いみ》もあるぞ。

わきだから、「ひらく」という意味《いみ》にもなるのね。

⿰肉鬼

音《おん》	タイ
部首《ぶしゅ》	肉（にく）
画数《かくすう》	16画《かく》

もとの意味《いみ》

肉《にく》がはれ上《あ》がる様子《ようす》

「肉《にく》の鬼《おに》」というと、ステーキ、からあげ、とんかつ、ローストビーフ……と肉《にく》ばかり食《た》べ続《つづ》ける人《ひと》かなあ？

じつははっきりしたことはわからんのじゃ。ただ昔《むかし》の字典《じてん》によれば「⿰肉鬼《たい》」は「肉《にく》がはれ上《あ》がる様子《ようす》」という意味《いみ》じゃ。肉《にく》を月《つき》に変《か》えた「⿰月鬼《たい》」も同《おな》じで「肉《にく》が盛《も》り上《あ》がっている様子《ようす》」ということじゃ。

肉《にく》が盛《も》り上《あ》がってはれているなんて、ちょっと痛《いた》そうな漢字《かんじ》ね。

博士《はかせ》の漢字《かんじ》コラム

似《に》ているけど意味《いみ》のちがう熟語《じゅくご》

両親《りょうしん》の兄弟《きょうだい》を指《さ》す「おじさん」。「伯父《おじ》」は親《おや》の兄《あに》、「叔父《おじ》」は親《おや》の弟《おとうと》を指《さ》す。「伯《はく》」は一番《ばん》、「叔《しゅく》」は三番《ばん》という意味《いみ》があるぞ。

何《なに》かを配《くば》るときの「配付《はいふ》」と「配布《はいふ》」のちがいは規模《きぼ》じゃ。「付《ふ》」は人《ひと》に直接《ちょくせつ》わたし、「布《ふ》」は広《ひろ》く行《い》きわたるという意味《いみ》があるぞ。

「進歩《しんぽ》」と「進捗《しんちょく》」のちがいは決《き》まった目標《もくひょう》があるかないかで「歩《ほ》」はここまで進《すす》むという目標《もくひょう》はなく、「捗《ちょく》」にはあるんじゃ。

ちょっとおしい漢字《かんじ》

ぱっと見《み》ると見《み》なれた漢字《かんじ》のようなんじゃが、よ～く見《み》るとちょっとだけヘン、という漢字《かんじ》を集《あつ》めてみたぞ。線《せん》が１本多《ほんおお》かったり余分《よぶん》な点《てん》があったり……。どこがちがうか、すぐ気《き》づくかな？

音《おん》	ケン
部首《ぶしゅ》	馬(うま)
画数《かくすう》	11画《かく》

もとの意味《いみ》

一才《さい》の馬《うま》

「馬《うま》」という字《じ》みたいだけど、よく見《み》ると「灬」のところがちがうわ。

「馬《けん》」は「馬《うま》」と「一《いち》」をあわせた字《じ》じゃな。「一《いち》」は年《ねん》れいを表《あらわ》していて、「一才《さい》の馬《うま》」という意味《いみ》なのじゃ。

一才《さい》の馬《うま》！　もしかして、横線《よこせん》を二本《ほん》にして「二才《さい》の馬《うま》」を表《あらわ》す漢字《かんじ》もあるのかな？

それはわからんが、「駒《く》」という漢字《かんじ》には「二才《さい》の馬《うま》」という意味《いみ》がある。「駣《とう》」は「三才《さい》の馬《うま》」あるいは「四才《さい》の馬《うま》」で「馸《はつ》」は「八才《さい》の馬《うま》」という意味《いみ》じゃ。ほかにも馬車《ばしゃ》を引《ひ》く馬《うま》の数《かず》を表《あらわ》した「三頭立《とうだ》ての馬《うま》」という意味《いみ》の「驂《さん》」、「四頭立《とうだ》ての馬《うま》」という意味《いみ》の「駟《し》」など、馬《うま》にかかわる字《じ》は結構《けっこう》あるんじゃよ。

昔《むかし》は、今《いま》よりもっと馬《うま》が身近《みぢか》で重要《じゅうよう》な動物《どうぶつ》だったのね！

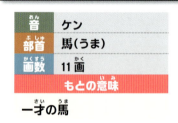

今

音《おん》	トウ・ホン
部首《ぶしゅ》	人（ひとやね）
画数《かくすう》	6画《かく》

もとの意味《いみ》

速《はや》く進《すす》む

「今《いま》」をより強調《きょうちょう》した字《じ》ね。

「今今《いまいま》」「まさに今《いま》」！　って感《かん》じかなあ。

「今《とう》」は「夲《とう》」の誤《あやま》った形《かたち》じゃ。「夲《とう》」は人《ひと》を表《あらわ》す「大《だい》」と十人《じゅうにん》という意味《いみ》の「十《じゅう》」とをあわせた俗字《ぞくじ》（↓18ページ）で、「速《はや》く進《すす》む」という意味《いみ》じゃ。

十人《じゅうにん》の力《ちから》をあわせ、速《はや》く進《すす》むということかしらね。

「夲《とう》」と「今《とう》」はいまいち似《に》てないけど、なんで書《か》きまちがえちゃったのかな？

殺

音《おん》	サツ
部首《ぶしゅ》	殳（ほこづくり）
画数《かくすう》	13画《かく》

もとの意味《いみ》

ほこで人《ひと》を打《う》ってしかばねにする

「殺《さつ》」にしては「メ」が一《ひと》つ多《おお》いわね。

一度殺《いちどころ》すだけではあき足《た》らない、強《きょう》れつな殺意《さつい》が感《かん》じられるよ。

「殺《さつ》」（↓72ページ）には異体字《いたいじ》（↓18ページ）がいくつかあって、その一《ひと》つが「殺《さつ》」じゃ。「手《て》にほこを持《も》つ」という意味《いみ》の「殳《ほこづくり》」と、「死体《したい》」という意味《いみ》の「屍《し》」と同《おな》じ音《おん》の「[illegible]《し》」をあわせた字《じ》で「ほこで人《ひと》を打《う》ってしかばねにする」という意味《いみ》じゃ。

メは、ほこだったのか！　でも打《う》ってしかばねにするとは、おそろしい漢字《かんじ》であることにはまちがいない！　ブルブル……。

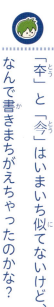

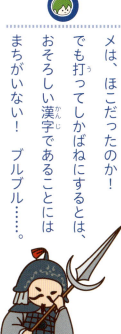

京

音《おん》	ケイ・キョウ
部首《ぶしゅ》	亠(なべぶた)
画数《かくすう》	9画《かく》
もとの意味《いみ》	

おかの上《うえ》に立《た》っている家《いえ》

どこかちがうような……。

「京《けい》」は「京《きょう》」の俗字《ぞくじ》じゃ。俗字《ぞくじ》といっても明治《めいじ》のころまでは新聞《しんぶん》でも使《つか》われていたし、いまだに京都《きょうと》との区別《くべつ》を強調《きょうちょう》するために東京《とうきょう》を「東京《とうけい》」と書《か》く人《ひと》もいるくらいじゃ。それほどめずらしくもない字《じ》じゃろう。

初《はじ》めて見《み》たー!!

「京《きょう》」はもともと「おかの上《うえ》に立《た》っている家《いえ》」を表《あらわ》す象形文字《しょうけいもじ》じゃ。金文《きんぶん》（）を見《み》ると、「京《けい》」でもいい気《き》がしてくるじゃろ。

たしかに……横線《よこせん》が入《はい》ってて「京《けい》」のほうがいい気《き》がしてきた。

囬

音《おん》	ソウ
部首《ぶしゅ》	囗(くにがまえ)
画数《かくすう》	6画《かく》
もとの意味《いみ》	

まど

「田《た》」みたいだし、「曲《きょく》」みたいでもある、不思議《ふしぎ》な感《かん》じの漢字《かんじ》!

「囬《そう》」は「まど」の意味《いみ》じゃ。「窓《まど》」の異体字《いたいじ》の「囱《そう》」のななめの線《せん》を変化《へんか》させたんじゃ。木《き》を組《く》んだ格子《こうし》がついた家《いえ》の天窓《てんまど》の象形文字《しょうけいもじ》で、「図《そう》」や「囬《そう》」という字《じ》もあるが、みんな仲間《なかま》じゃ。

言《い》われてみればたしかに、窓《まど》の形《かたち》。

漢字《かんじ》の「窓《まど》」より窓《まど》らしいね。簡単《かんたん》だからこれからはこっちを使《つか》いたいな。

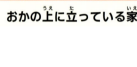

𦣻

音《おん》	シュウ
部首《ぶしゅ》	自（みずから）
画数《かくすう》	7画《かく》
もとの意味《いみ》	
首《くび》	

一画余計《かくよけい》な「百《ひゃく》」……？

一画《かく》余計《よけい》な「自《じ》」かも……？　どちらにしても漢字《かんじ》の書《か》き取《と》りテストでまちがえた漢字《かんじ》みたい。

いや、「𦣻《しゅう》」は「百《ひゃく》」でも「自《じ》」でもないんじゃよ。これは「首《くび》」という意味《いみ》じゃ。人《ひと》の頭《あたま》を表《あらわ》す象形文字《しょうけいもじ》じゃな。古代《こだい》では、目《め》の形《かたち》に髪《かみ》の毛《け》を書《か》きそえて（）、人《ひと》の頭部《とうぶ》の形《かたち》を表《あらわ》したのじゃ。

「首《くび》」の字《じ》の最初《さいしょ》の二画《かく》は髪《かみ》の毛《け》だったのね。

二本《ほん》しかないのはちょっとさびしいねー、博士《はかせ》。

ドキッ！

𣥂

音《おん》	タツ
部首《ぶしゅ》	止（とめる）
画数《かくすう》	3画《かく》
もとの意味《いみ》	
ふむ	

おしいね。もう一画加《いっかくくわ》われば「少《しょう》」なのに。

「𣥂《たつ》」は、足《あし》あとの象形文字《しょうけいもじ》である「止《し》」（）を左右反転《さゆうはんてん》した字《じ》で、「ふむ」という意味《いみ》じゃ。足《あし》あとは、そこに足《あし》をとどめたためにできることから「止《と》まる、とどまる」の意《い》味《み》になったんじゃ。「止《し》」とその左右反転形《さゆうはんてんがた》の「𣥂《たつ》」とをあわせた「歩《ほ》」もある。「歩《ほ》」の旧字体《きゅうじたい》じゃな。

歩《ある》くことと止《と》まることは、表裏一体《ひょうりいったい》ならぬ左右一体《さゆういったい》なのね！

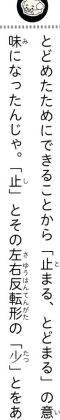

音《おん》	ホウ
部首《ぶしゅ》	門(もんがまえ)
画数《かくすう》	16画《かく》

もとの意味《いみ》

すそが広《ひろ》がった衣服《いふく》

「もんもん」と読《よ》むの?

いや、これはホウと読《よ》む。「褒《ほう》」の異体字《いたいじ》じゃよ。「褒《ほう》」は、もともと「すそが広《ひろ》がった衣服《いふく》」という意味《いみ》じゃが、「善《い》い行《おこな》いに対《たい》してほめてむくいる」という意味《いみ》の「報《ほう》」と同《おな》じ音《おん》なので当《あ》て字《じ》で使《つか》われるようになり、「ほめる」という意《い》味《み》になったんじゃ。

「門《もん》」の組《く》みあわせを「ホウ」と読《よ》むなんて不思議《ふしぎ》ね。

ちょっと「もんもん」とするね。

吅

音《おん》	ケン・セン
部首《ぶしゅ》	口(くち)
画数《かくすう》	6画《かく》

もとの意味《いみ》

やかましくさけぶ

「口《くち》」が二《ふた》つ並《なら》んでいるわ。

「吅《けん》」は、二《ふた》つの口《くち》をあわせて「やかましくさけぶ」という意味《いみ》じゃ。「喧《けん》」と同《おな》じ意味《いみ》じゃな。

口《くち》×3の「品《ひん》」は?

もとは「多《おお》くの人《ひと》がしゃべる」という意味《いみ》じゃった。横《よこ》に三《みっ》つ並《なら》べた「𠱠《れい》」は「多《おお》くの鳥《とり》、多《おお》くの声《こえ》」の意味《いみ》。どちらもやかましさというより「多《おお》さ」じゃな。

口《くち》×4の「㗊《しゅう》」はどうかしら?

これは多《おお》くの人《ひと》ががやがやいう「やかましい」じゃ。「吅《けん》」より程度《ていど》が激《はげ》しい感《かん》じじゃな。

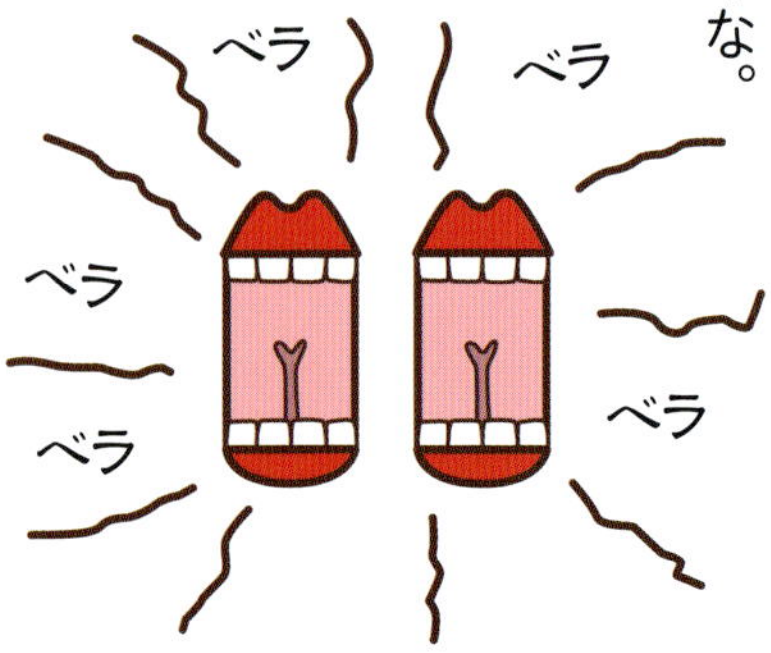

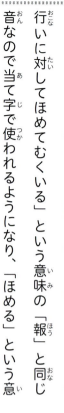

亖

音《おん》	シ
部首《ぶしゅ》	二(に)
画数《かくすう》	4画《かく》
もとの意味《いみ》	四《よん》

「二《に》」なのか「三《さん》」なのかな？

「亖《し》」は親指《おやゆび》以外《いがい》の四本《ほん》の指《ゆび》を並《なら》べた形《かたち》で、数字《すうじ》の4を表《あらわ》すのじゃ。

でも、どうして「亖《し》」が全然《ぜんぜん》ちがう形《かたち》の「四《し》」になったのかしら。

「四《し》」はもともと開《ひら》いた口《くち》と舌《した》とはく息《いき》の様子《ようす》を表《あらわ》したものじゃ。もとの音《おん》の「キ」が「シ」に変《か》わって、数字《すうじ》の4としての意味《いみ》になったのじゃ。（→26ページ）

まさに九九《くく》の「ににんが、し」だわ！

皕

音《おん》	ヒョク
部首《ぶしゅ》	白(しろ)
画数《かくすう》	16画《かく》
もとの意味《いみ》	二〇〇

読《よ》みがヒャクでなくヒョク！

「百《ひゃく》」が二《ふた》つで、「二百《にひゃく》」かしら？

うむ。「皕《ひょく》」の意味《いみ》は「二〇〇」じゃ。

やったー！　正解《せいかい》！　じゃあ、「百《ひゃく》」を三《みっ》つ並《なら》べた「三百《さんびゃく》」という意味《いみ》の字《じ》もあるのかしら？

それはわからないが、昔《むかし》は一〇〇の数《かず》は親《おや》指《ゆび》で表《あらわ》したんじゃ。数詞《すうし》の「一《いち》」と親指《おやゆび》をあらわす「白《はく》」とをあわせた字《じ》が「百《ひゃく》」じゃ。

博士《はかせ》の漢字《かんじ》コラム

中国《ちゅうごく》の簡体字《かんたいじ》

漢字《かんじ》の故郷《こきょう》は中国《ちゅうごく》じゃが、今中国《いまちゅうごく》で使《つか》われている漢字《かんじ》は、日本人《にっぽんじん》にはあまりなじみのない簡体字《かんたいじ》というものじゃ。名前《なまえ》のとおり、従来《じゅうらい》の漢字《かんじ》をだいぶ簡略化《かんりゃくか》しておる。たとえば、「広《こう》」は「广《ゴクアン》」、「長《ちょう》」は「长《チャン》」、「隊《たい》」は「队《タイ》」、「婦《ふ》」は「妇《フ》」、「動《どう》」は「动《ドン》」じゃ。画数《かくすう》も少《すく》なく、書《か》くのは簡単《かんたん》そうじゃが、なかなか読《よ》めんのう。

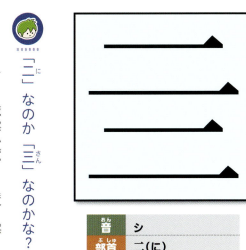

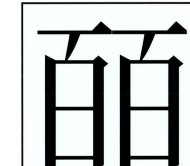

𪚥

音《おん》	テツ・テチ
部首《ぶしゅ》	龍(りゅう)
画数《かくすう》	64画《かく》

もとの意味《いみ》

口数《くちかず》が多《おお》い

わっ！ 四《よっ》つ子《こ》の龍《りゅう》なのかな？

「𪚥《てつ》」は「口数《くちかず》が多《おお》い」という意味《いみ》じゃ。龍《りゅう》は、もちろん想像上《そうぞうじょう》の生《い》き物《もの》じゃが、「龍《りゅう》」の字《じ》は、頭《あたま》に角《つの》を持《も》ち口《くち》を大《おお》きく開《あ》けて体《からだ》をくねらせる大蛇《だいじゃ》のような動物《どうぶつ》の象形文字《しょうけいもじ》じゃ。ちなみに、「龘《とう》」は「飛《と》ぶ龍《りゅう》」という意味《いみ》で、「龖《とう》」は、「龍《りゅう》の飛《と》ぶさま」という意味《いみ》なんじゃ。

口数《くちかず》というか、画数《かくすう》も多《おお》すぎね！

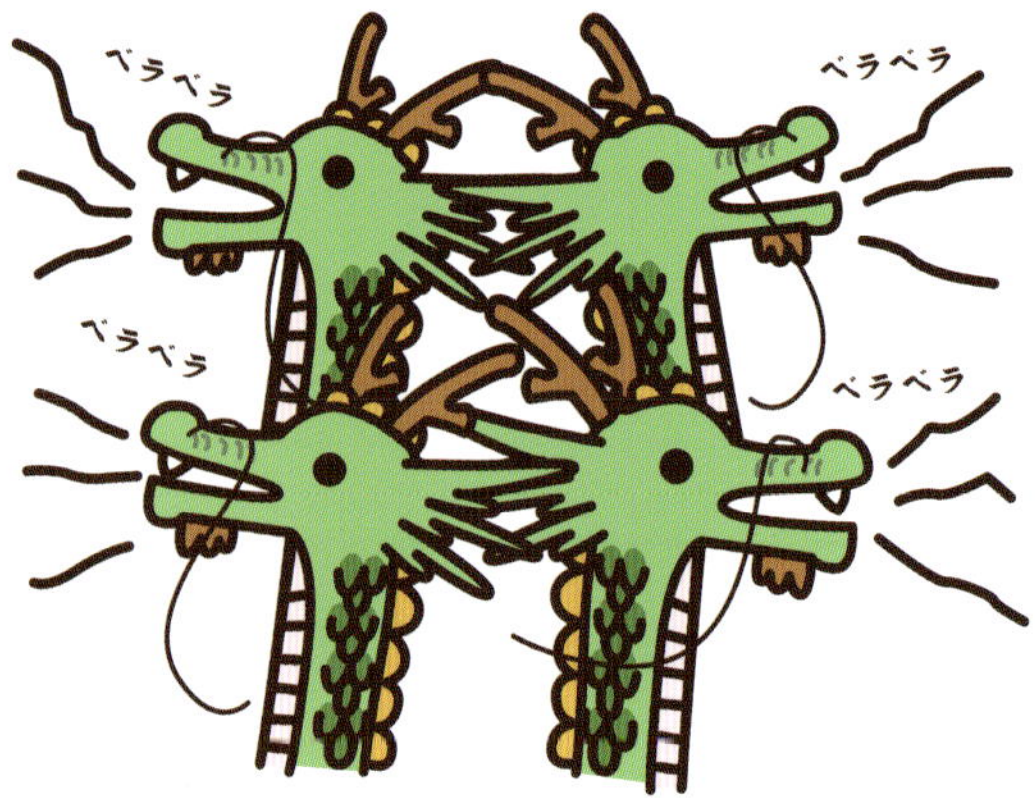

𤳳

音《おん》	ライ
部首《ぶしゅ》	田(た)
画数《かくすう》	32画《かく》

もとの意味《いみ》

雷《かみなり》

こうなると漢字《かんじ》というより模様《もよう》のようね。

四《よっ》つの田《た》んぼで二回《かい》ずつ田植《たう》えするのがいい、という意味《いみ》かな〜。

「𤳳《らい》」は「雷《かみなり》」のことじゃ。雷《かみなり》の異体字《いたいじ》は「靁《らい》」。「雨《あめ》」と、「つながり回《まわ》る」という意味《いみ》の「恩《おん》」と同《おな》じ音《おん》の「畾《おん》」とをあわせた字《じ》で、「雨中《うちゅう》でゴロゴロとたいこのような音《おと》がつながり回《まわ》りながら鳴《な》る」という意味《いみ》じゃ。

「雷《かみなり》」は、「田《た》」が三《みっ》つから一《ひと》つにへったのね。

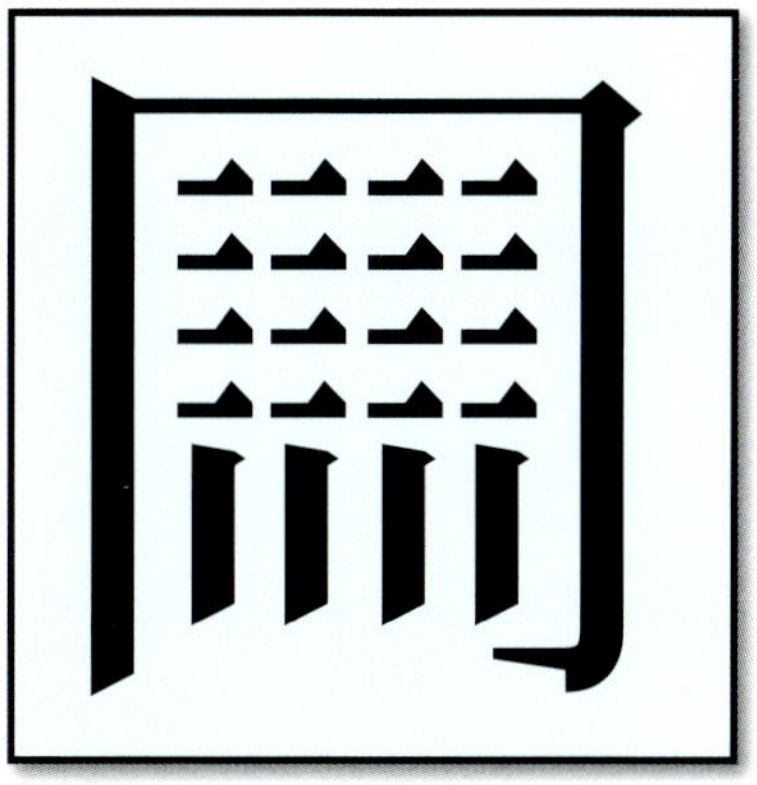

音《おん》	ウ
部首《ぶしゅ》	冂（けいがまえ）
画数《かくすう》	22画《かく》

もとの意味《いみ》

雨《あめ》

わっ！　漢字《かんじ》じゃなくて記号《きごう》みたい！　点々《てんてん》や短《みじか》い線《せん》がいっぱい。

「〓《う》」は、雲《くも》から落《お》ちてくる水《みず》のしずくの様子《ようす》を表《あらわ》した象形《しょうけい》文字《もじ》で、「雨《あめ》」のことじゃよ。点々《てんてん》のところが雲《くも》で、そこからツーッと下《した》にのびた縦棒《たてぼう》が、つながって落《お》ちてくる雨《あめ》つぶを表現《ひょうげん》しているんじゃ。「冂《けいがまえ》」は天空《てんくう》の形《かたち》を表《あらわ》しているのじゃ。

「雨《あめ》」とくらべると雨量《うりょう》が多《おお》くて大雨《おおあめ》みたいだね。

次第《しだい》に単純化《たんじゅんか》されて「雨《あめ》」の字《じ》に落《お》ち着《つ》いたのね。

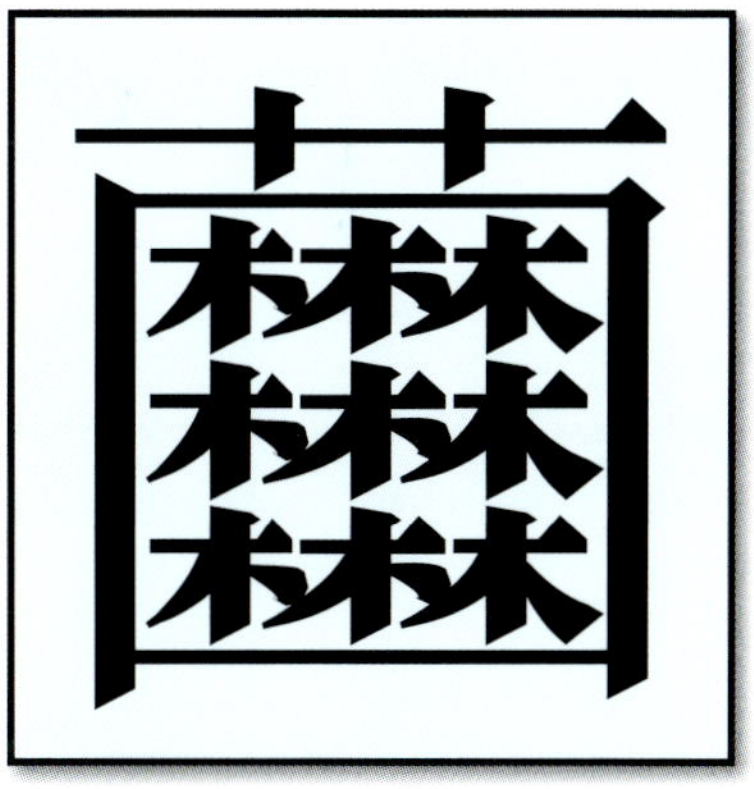

音《おん》	ユウ
部首《ぶしゅ》	艹（くさかんむり）
画数《かくすう》	43画《かく》

もとの意味《いみ》

庭《にわ》、園《その》

うわっ！　すごい菌《きん》、強《きょう》れつな菌《きん》？

よく見《み》るとなかが「禾《のぎ》」じゃなく「木《き》」だわ。

「〓《ゆう》」は「庭《にわ》、園《その》」を表《あらわ》す漢字《かんじ》じゃ。庭《にわ》や園《その》を表《あらわ》す「囿《その》」の異体字《いたいじ》に「〓《その》」があるが、「〓《その》」よりもっと草木《くさき》がしげった園《その》だったのかもしれんぞ。

バイキンの園《その》じゃなくてよかったわ！

ちなみに「菌《きん》」は、草《くさ》を表《あらわ》す「艹《くさかんむり》」と、暗《くら》くしめっているという意味《いみ》の当《あ》て字《じ》の「囷《きん》」をあわせた字《じ》じゃ。「いんしつな場所《ばしょ》に生《は》えるきのこ」という意味《いみ》じゃ。

きのこがいっぱいなら大《だい》かんげいだよ！

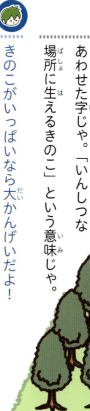

ヘンなデザインの漢字《かんじ》

れっきとした漢字《かんじ》のはずなのにどう見《み》てもカタカナ。そんな、カタカナとの深《ふか》い関係《かんけい》を表《あらわ》していたりいなかったりする漢字《かんじ》を集《あつ》めたぞ。

カタカナのムが四《よっ》つも並《なら》んでる！

辞書《じしょ》には「幽《ゆう》に同《おな》じ」とあったわ。幽霊《ゆうれい》の「幽《ゆう》」と同《おな》じ意味《み》ということ？（→69ページ）

「⿱厸厸《ゆう》」は「幽《ゆう》」の異体字《いたいじ》（→18ページ）じゃ。山《やま》のような部分《ぶぶん》は、「燃《も》えている火《ひ》」を表《あらわ》す象形文字《しょうけいもじ》じゃ。それと「黒《くろ》くてはっきりしない」という意味《いみ》の「黝《ゆう》」と同《おな》じ音《おん》の「⿱厸厸《ゆう》」をあわせた字《じ》で、「かすか」「ほのか」という意味《いみ》なのじゃ。使《つか》われているうちに、意味《いみ》が消《き》えて、音《おん》の部分《ぶぶん》だけが残《のこ》った文字《もじ》じゃ。

幽霊《ゆうれい》だから消《き》えたわけじゃないのね！

⿱厸厸

音《おん》	ユウ
部首《ぶしゅ》	ム（し）
画数《かくすう》	8画《かく》

もとの意味《いみ》

かすか、ほのか

「ム」でできた漢字《かんじ》いろいろ

ム

音《おん》	シ
部首《ぶしゅ》	ム(し)
画数《かくすう》	2画《かく》

「私《し》」の本字《ほんじ》。「囲《かこ》い込《こ》んで我《わ》がものとしたイネ」の意味《いみ》。

⿱厶厶

音《おん》	ゲン
部首《ぶしゅ》	ム(し)
画数《かくすう》	4画《かく》

「幻《げん》」の異体字《いたいじ》。機《はた》織《お》り道具《どうぐ》に関連《かんれん》した文字《もじ》。

厽

音《おん》	ルイ、サン
部首《ぶしゅ》	ム(し)
画数《かくすう》	6画《かく》

土《つち》のかたまりを積《つ》み重《かさ》ねた様子《ようす》の象形文字《しょうけいもじ》。

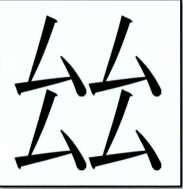

㠭

音《おん》	テン
部首《ぶしゅ》	工(たくみ)
画数《かくすう》	12画《かく》

もとの意味《いみ》

瓦《かわら》を整然《せいぜん》と並《なら》べる

エエエエッとおどろいたときに使《つか》う字《じ》かなあ。

あら、辞書《じしょ》には「明《あき》らかにする」意味《いみ》だと書《か》いてあったわ。

よく調《しら》べておるが、わしは「瓦《かわら》を整然《せいぜん》と並《なら》べる」という意味《いみ》だと解《かい》しゃくしておる。「工《こう》」は昔使《むかしつか》っていた「甎《せん》」という敷《し》き瓦《がわら》のことで、この瓦《かわら》をレンガのように整然《せいぜん》と積《つ》み並《なら》べた様子《ようす》を表《あらわ》しておる。辞書《じしょ》により解《かい》しゃくがちがうことはよくあるんじゃ。

エエエエッ！　辞書《じしょ》でもわからないことがあるんだ。

仜

音《おん》	コウ
部首《ぶしゅ》	人(にんべん)
画数《かくすう》	5画《かく》

もとの意味《いみ》

大《おお》きなおなか or 肛門《こうもん》

イエ～と調子《ちょうし》に乗《の》っているのかな？

そんな字《じ》、あるわけないでしょ。

「仜《こう》」は人《ひと》を表《あらわ》す「亻《にんべん》」と、「大《おお》きい」という意味《いみ》の当《あ》て字《じ》の「工《こう》」をあわせた字《じ》じゃ。大《おお》きい人《ひと》は太《ふと》った人《ひと》のことだから「大《おお》きなおなか」になったんじゃ。また、「亻《にんべん》」を「月《にくづき》」に変《か》えた「肛《こう》」という意味《いみ》もある。

肛《こう》って肛門《こうもん》の!?

そう、尻《しり》の穴《あな》じゃ。「工《こう》」には「ふくれる」と「穴《あな》」の意味《いみ》もあり、肉体《にくたい》を表《あらわ》す月《にくづき》がついて「人体《じんたい》の穴《あな》」、すなわち肛門《こうもん》となるわけじゃ。

肛門説《こうもんせつ》を支持《しじ》します！

博士《はかせ》の漢字《かんじ》コラム

カナのもとは漢字《かんじ》

漢字《かんじ》をくずして書《か》いた文字《もじ》からできたのがひらがなで、漢字《かんじ》の一部《いちぶ》を省略《しょうりゃく》してできたのがカタカナじゃ。

たとえば、イは伊《い》の左部《ひだりぶ》分《ぶん》、ウは宇《う》の上部分《うえぶぶん》、エは江《こう》の右部分《みぎぶぶん》がもとじゃよ。三《さん》がミ、八《はち》がハになったように、漢字《かんじ》の形《かたち》のままのカタカナもある。ではオは才《さい》からかというと違《ちが》っていて、於《お》の左部分《ひだりぶぶん》の「方《ほう》」がもと。序章《じょしょう》（↓14～15ページ）にくわしくのっているので要《よう》チェックじゃ。

音《おん》	夕
部首《ぶしゅ》	夕(ゆうべ)
画数《かくすう》	12画《かく》

もとの意味《いみ》

多《おお》い

そのまま読《よ》んだらヨタヨタよね。

足元《あしもと》がおぼつかない様子《ようす》かな。

「〓《た》」は、「多《た》」の俗字《ぞくじ》（↓18ページ）である「夛《た》」を二《ふた》つ重《かさ》ねてできた字《じ》じゃ。タテ並《なら》びからヨコ並《なら》びに変《か》わっていったのじゃな。「多《た》」は「夕《ゆう》」が複数《ふくすう》あることから、日数《にっすう》が経過《けいか》することを表《あらわ》し、次第《しだい》に「多《おお》い」という意味《いみ》になったんじゃ。ちなみに、カタカナの「タ」は「多《た》」の画数《かくすう》を省《はぶ》いたものからできているのじゃ。

音《おん》	ガイ
部首《ぶしゅ》	宀(うかんむり)
画数《かくすう》	32画《かく》

もとの意味《いみ》

害《がい》

いやらしいものを見《み》てしまって「う、エロ……」とつぶやく様子《ようす》？

「〓《がい》」は「害《がい》」の異体字《いたいじ》じゃよ。「〓《がい》」は中国《ちゅうごく》の唐《とう》という時《じ》代《だい》の行書体《ぎょうしょたい》（↓13ページ）で使《つか》われていた字体《じたい》じゃ。「害《がい》」（↓70ページ）はもとは竹《たけ》かごで頭《あたま》をおおう様子《ようす》を表《あらわ》す漢字《かんじ》じゃったな。

どうして行書体《ぎょうしょたい》で使《つか》われていたのかしら？　書《か》きやすいから？

それはわからないんじゃ。

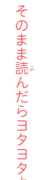

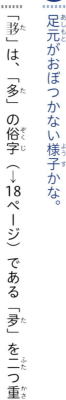

ナ

音《おん》	サ
部首《ぶしゅ》	ノ（の）
画数《かくすう》	2画《かく》

もとの意味《いみ》

左《ひだり》

カタカナの「ナ」に見《み》えるけれど、これも漢字《かんじ》なの？

「ナ《さ》」はじつは「左《ひだり》」という意味《いみ》の漢字《かんじ》じゃ。金文《きんぶん》（）を見《み》るとわかるじゃろ。人《ひと》の左手《ひだりて》を表《あらわ》す象形文字《しょうけいもじ》じゃ。「ナ《さ》」が「たすける」という意味《いみ》の「佐《さ》」と同《おな》じ音《おん》なので、そこから右手《みぎて》の働《はたら》きをたすける「左手《ひだりて》」という意味《いみ》になったのじゃ。

補佐《ほさ》の「佐《さ》」はそこからきているのね。

ちなみに、カタカナの「ナ」は「奈《な》」の最初《さいしょ》の二画《かく》からきておる。「左《さ》」の草書体《そうしょたい》からはひらがなの「さ」ができたのじゃ。

この字《じ》は、「ナ」じゃなく、「さ」と近《ちか》かったナ。

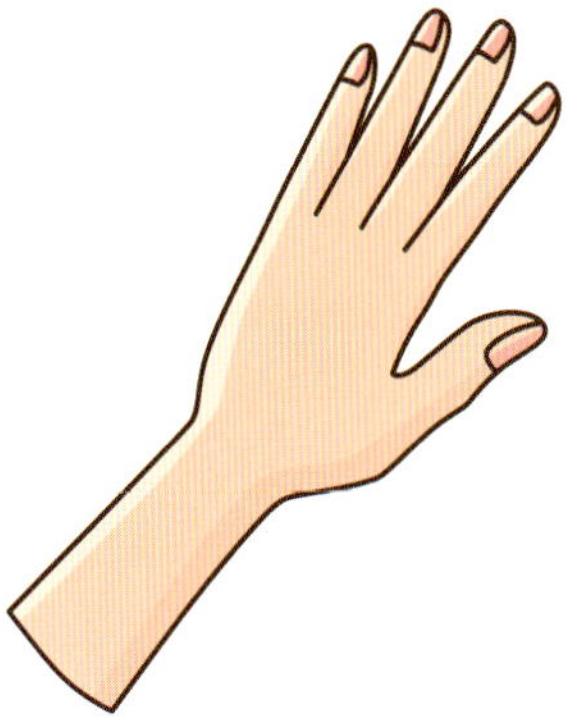

乜

音《おん》	ヤ
部首《ぶしゅ》	乙（おつにょう）
画数《かくすう》	3画《かく》

もとの意味《いみ》

ヘビ

ひらがなの「せ」みたい。

これは、日本人《にほんじん》の名前《なまえ》でよく使《つか》われる「也《や》」という漢字《かんじ》の異体字《いたいじ》じゃ。金文《きんぶん》の形《かたち》は（）で、「ヘビ」を表《あらわ》した象形文字《しょうけいもじ》と考《かんが》えられておる。カタカナの「ヤ」は「也《や》」の画数《かくすう》を省《はぶ》いてできたもので、ひらがなの「や」は「也《や》」の草書体《そうしょたい》からできたものじゃぞ。

「せ」じゃなくて「や」だったんだね！

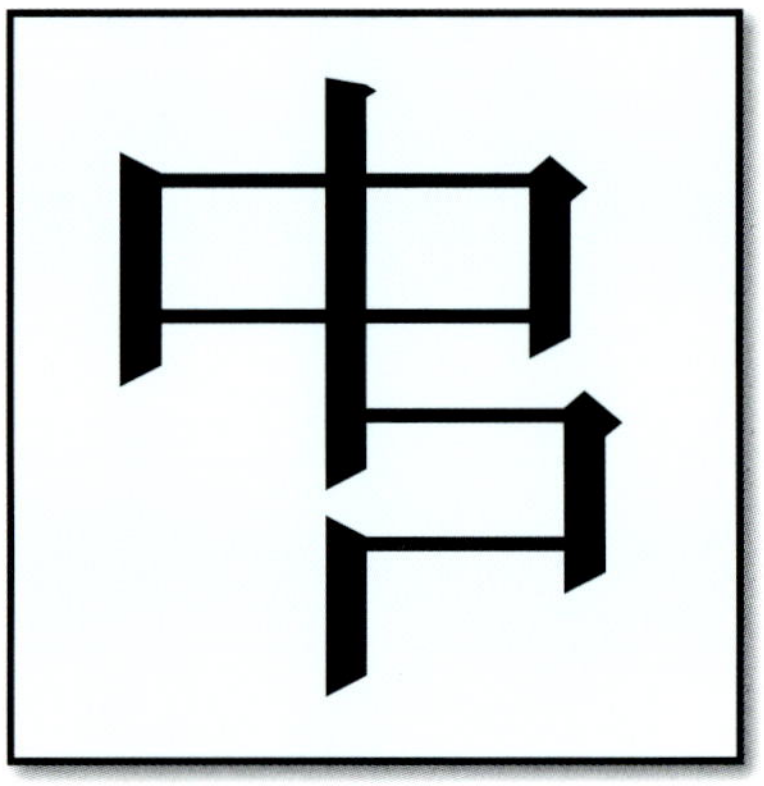

音《おん》	チュウ
部首《ぶしゅ》	丨（ぼう）
画数《かくすう》	7画《かく》

もとの意味《いみ》

心棒《しんぼう》を通《とお》した旗《はた》ざお

「串《くし》」を部分的《ぶぶんてき》に略《りゃく》したような形《かたち》ね？

きっと「食《た》べかけの焼《や》き鳥《とり》」の意味《いみ》だよ〜。

「〓《ちゅう》」は「中《ちゅう》」の異体字《いたいじ》じゃ。篆文《てんぶん》（〓）は、まん中《なか》に心棒《しんぼう》*1を通《とお》した旗《はた》ざお*2を表《あらわ》しておる。下《した》のでっぱったところは、旗《はた》のふき流《なが》し*3じゃな。「中《ちゅう》」にはほかにも「〓《ちゅう》」や「〓《ちゅう》」などいくつか異体字《いたいじ》があるぞ。

「串《くし》」とは関係《かんけい》はないの？

うむ。「串《くし》」は、穴《あな》のあいた銭《ぜに》を連《つら》ねる「銭《ぜに》さし」という意味《いみ》の漢字《かんじ》だから関係《かんけい》ないんじゃや。

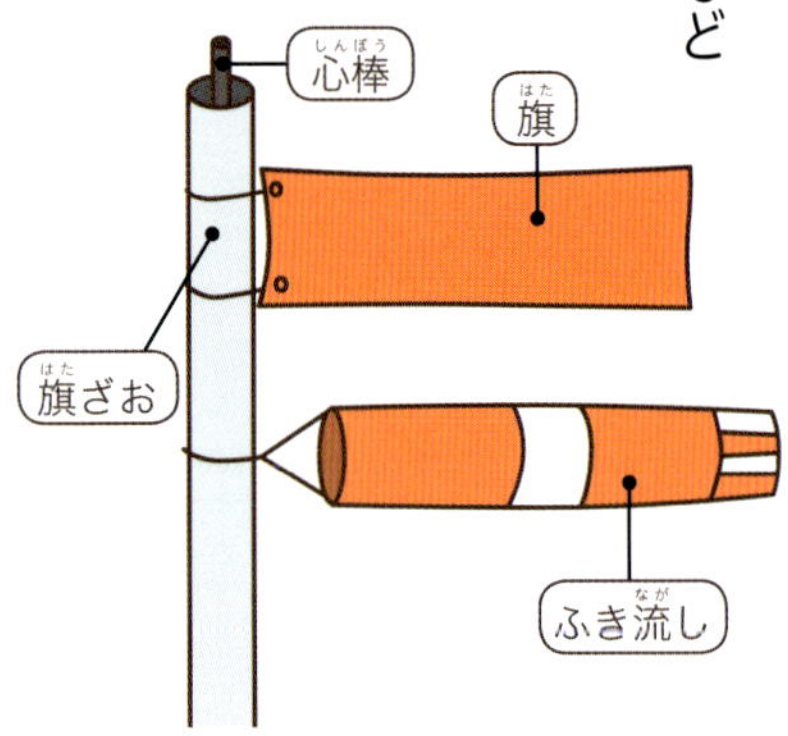

*1 車輪《しゃりん》・こまなど、回転《かいてん》するものの中心《ちゅうしん》となるもの。じく。
*2 旗《はた》をむすびつけるさお・棒《ぼう》のようなもの。
*3 布《ぬの》などでできた筒状《つつじょう》の旗《はた》のこと。

音《おん》	チョウ
部首《ぶしゅ》	長（ながい）
画数《かくすう》	8画《かく》

もとの意味《いみ》

頭髪《とうはつ》の長《なが》い老人《ろうじん》

アルファベットのVが入《はい》ってるわ。

「〓《ちょう》」は「長《ちょう》」の異体字《いたいじ》じゃよ。長髪《ちょうはつ》の老人《ろうじん》が杖《つえ》をついて立《た》っている形《かたち》を表《あらわ》す象形文字《しょうけいもじ》じゃ。「頭髪《とうはつ》の長《なが》い老人《ろうじん》」から老人《ろうじん》の意味《いみ》が失《うしな》われて「長《なが》い」という意味《いみ》に使《つか》われるようになったんじゃ。アルファベットのVに見《み》える部分《ぶぶん》は髪《かみ》の毛《け》を表《あらわ》しておる。ちなみに、「镸《ちょう》」や「〓《ちょう》」も「長《ちょう》」の異体字《いたいじ》じゃ。現代中国《げんだいちゅうごく》の簡体字《かんたいじ》では「长《ちょう》」と書《か》くぞ。

一《ひと》つの漢字《かんじ》でも何通《なんとお》りもの書《か》き方《かた》があるなんて、漢字理解《かんじりかい》への道《みち》のりは長《なが》い〜！

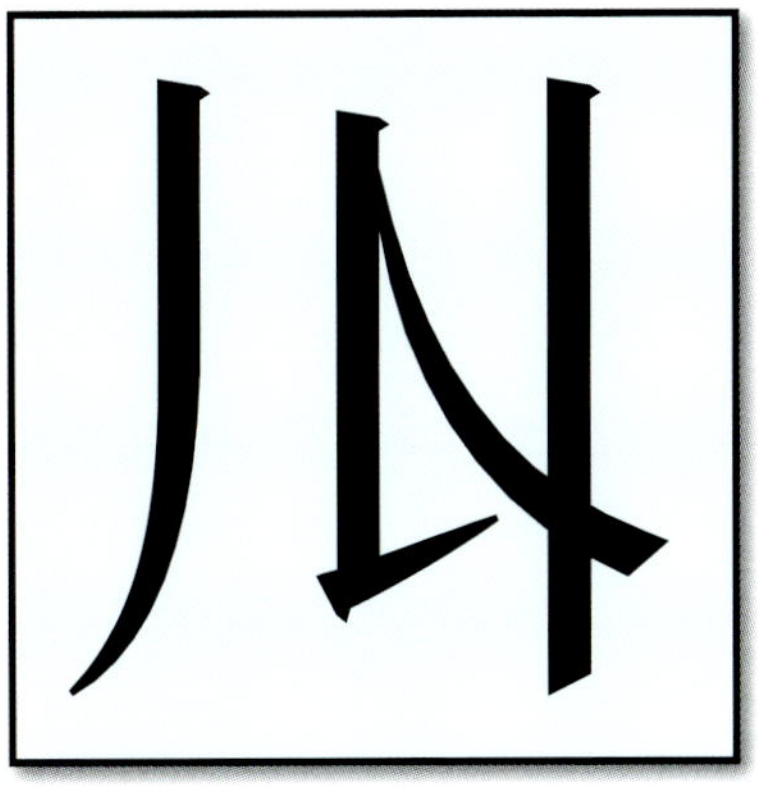

音《おん》	シュウ
部首《ぶしゅ》	亅（はねぼう）
画数《かくすう》	4画《かく》
もとの意味《いみ》	

川《かわ》の中《なか》の水流《すいりゅう》に囲《かこ》まれた土地《ち》、中州《なかす》

「川《かわ》」みたいだけど、ちょっと横《よこ》にあふれている感《かん》じがするね。

はんらんした川《かわ》という意味《いみ》かしら。

「〓《しゅう》」は「州《しゅう》」の異体字《いたいじ》で「川《かわ》の中《なか》の水流《すいりゅう》に囲《かこ》まれた土地《とち》、中州《なかす》」という意味《いみ》じゃ。「州《しゅう》」の金文《きんぶん》では中州《なかす》を丸《まる》い形《かたち》（〓）で表《あらわ》しているが、「〓《しゅう》」は「州《しゅう》」の三《みっ》つの「丶」を続《つづ》けて書《か》いて一本《ぽん》の横線《よこせん》のようになったものじゃろうな。

急《いそ》いで書《か》いちゃったのかな。

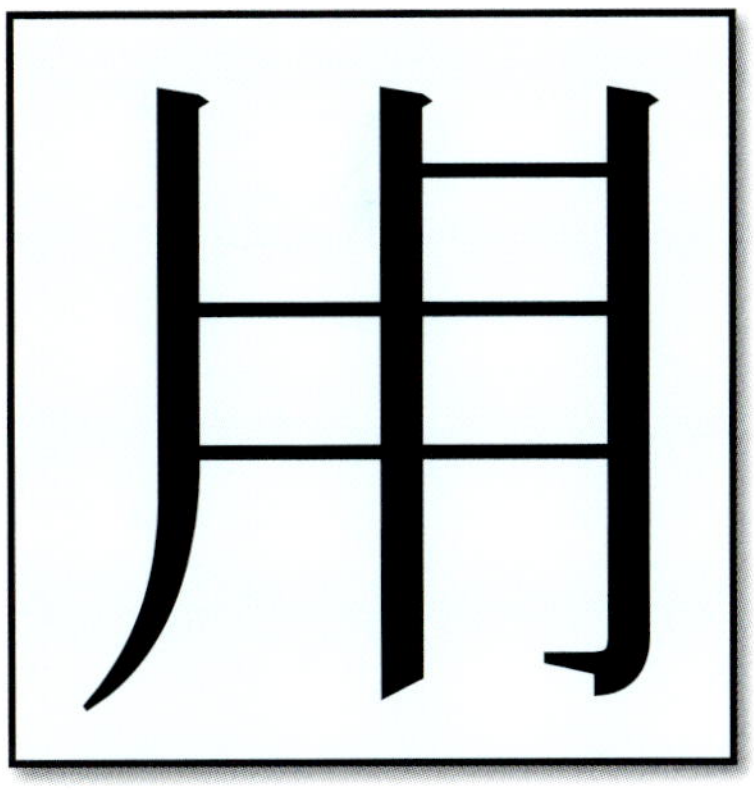

音《おん》	ヨウ
部首《ぶしゅ》	ノ（の・はらいぼう）
画数《かくすう》	6画《かく》
もとの意味《いみ》	

もちいる

おしい！もう少《すこ》しであみだくじにできそうなのに！

「〓《よう》」は「用《よう》」の異体字《いたいじ》じゃ。「牧場《ぼくじょう》を囲《かこ》う木《き》でできた垣根《かきね》の形《かたち》」を表《あらわ》した象形文字《しょうけいもじ》じゃ。昔《むかし》は家《か》ちくの放《はな》し飼《が》いが一般的《いっぱんてき》だったが、重要《じゅうよう》なぎしきの際《さい》に生《い》けにえとして使《つか》う家《か》ちくは、囲《かこ》いを作《つく》ってにげ出《だ》さないようにしていたのじゃ。生《い》けにえとして使《つか》うことから、「もちいる」という意味《いみ》で使《つか》うようになった。

ぼくは、あみだくじにもちいます。

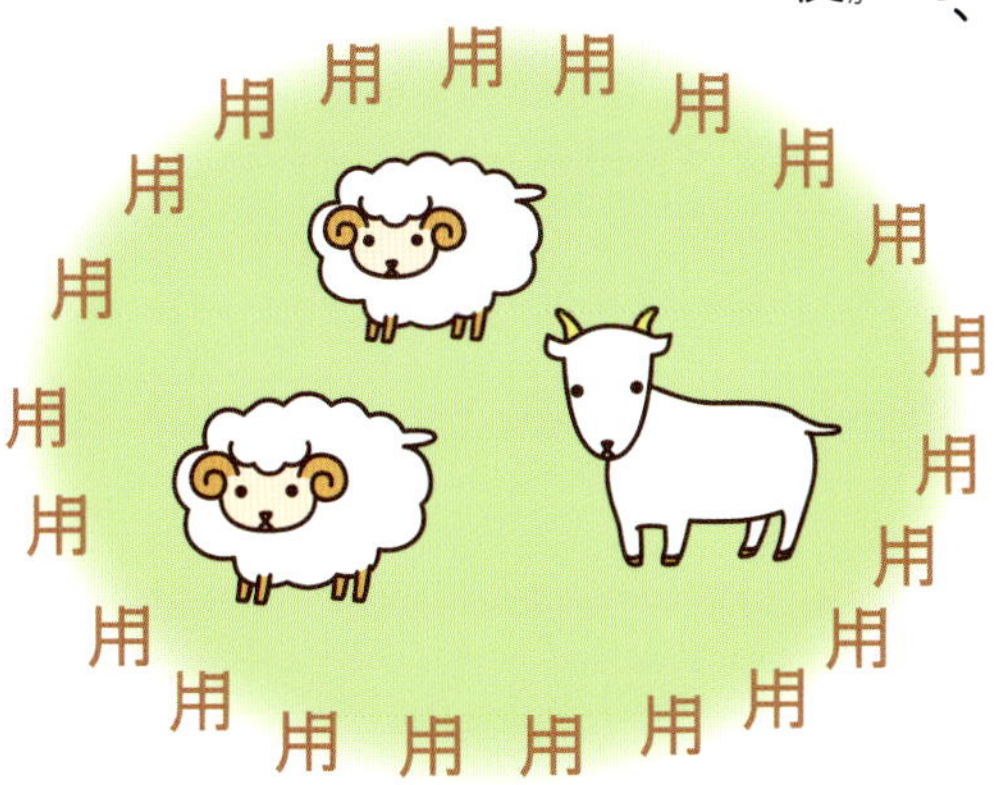

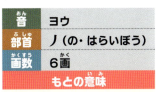

丫

音《おん》	ア
部首《ぶしゅ》	丨（たてぼう）
画数《かくすう》	3画《かく》

もとの意味《いみ》

ふたまた、あげまき、つのがみ

これも漢字《かんじ》なの？

「丫《あ》」は木《き》の枝《えだ》が二《ふた》つに分《わ》かれた形《かたち》からできた「ふたまた」という意味《いみ》の漢字《かんじ》じゃ。髪《かみ》を左右《さゆう》に束《たば》ねて二本《ほん》の角《つの》のように結《ゆ》う「あげまき」や「つのがみ」という意味《いみ》もあるぞ。

埴輪《はにわ》で見《み》かける古代《こだい》っぽい髪型《かみがた》ね。

ちなみに、Yに二画《かく》を足《た》した「𦍌《かい》」という漢字《かんじ》もあるぞ。これは「羊《ひつじ》の角《つの》」の象形文字《しょうけいもじ》で、羊《ひつじ》の角《つの》そのものや、羊《ひつじ》の角《つの》のように曲《ま》がりくねった様子《ようす》を表《あらわ》すのじゃ。

丨

音《おん》	コン・シ
部首《ぶしゅ》	丨（たてぼう）
画数《かくすう》	1画《かく》

もとの意味《いみ》

上下《じょうげ》につき通《とお》す

これは漢字《かんじ》というより「音引《おんび》き」とか「長音《ちょうおん》」と呼《よ》ばれている記号《きごう》だわ。

「丨《こん》」は「上下《じょうげ》につき通《とお》す」という意味《いみ》の漢字《かんじ》じゃ。しかし、下《した》から上《うえ》に向《む》かって書《か》けば「すすむ」で、上《うえ》から下《した》に向《む》かって書《か》けば「しりぞく」という意味《いみ》にもなる。書《か》き方《かた》で意味《いみ》が変《か》わるというわけじゃ。ちなみに棒《ぼう》の最後《さいご》をはねた「亅《けつ》」は、先《さき》のほうが上《うえ》に曲《ま》がった「鉤《かぎ》」の象形文字《しょうけいもじ》で部首《ぶしゅ》としては「はねぼう」と呼ぶんじゃ。

棒《ぼう》一本《ぽん》でもいろいろだな――!!

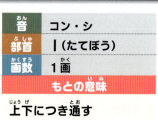

丶

音《おん》	チュ
部首《ぶしゅ》	丶（てん）
画数《かくすう》	1画《かく》
もとの意味《いみ》	

灯火《ともしび》

字《じ》というか、読点《とうてん》「、」よね？

もちろん読点《とうてん》としても使《つか》うが、これもれっきとした漢字《かんじ》なんじゃよ。「丶《ちゅ》」は「灯火《ともしび》」という意味《いみ》がある。しょく台《だい》の上《うえ》で燃《も》える灯心《とうしん》の形《かたち》を表《あらわ》した「主《しゅ》」の篆文《てんぶん》（[illegible]）からできたんじゃ。

なるほど。「主《しゅ》」の上《うえ》の「丶《てん》」が燃《も》えている火《ひ》で、下《した》の「王《おう》」の部分《ぶぶん》がしょく台《だい》なのね！

大昔《おおむかし》、灯火《ともしび》をあつかうのが家長《かちょう》じゃったから、「主《しゅ》」が「あるじ」を意味《いみ》するようになったのじゃ。

「丶《てん》」の正体《しょうたい》が「灯火《ともしび》」だなんて、テンで知《し》らなかったよ！

凵

音《おん》	キョ
部首《ぶしゅ》	凵（うけばこ、かんにょう）
画数《かくすう》	2画《かく》
もとの意味《いみ》	

飯《めし》などを入《い》れる器《うつわ》

きっちり直角《ちょっかく》じゃないのが気《き》になるよ。

「凵《きょ》」は飯《めし》などを入《い》れる器《うつわ》の象形文字《しょうけいもじ》じゃ。「やなぎの材《ざい》で作《つく》った飯器《めしき》」といわれている。これによく似《に》た「凵《かん》」という漢字《かんじ》もある。これは「口《くち》を張《は》った形《かたち》」が由来《ゆらい》とされておる。中国最古《ちゅうごくさいこ》の漢字字典《かんじじてん》『説文解字《せつもんかいじ》』では、「凵《きょ》」と「凵《かん》」を区《く》別《べつ》して取《と》りあげているのじゃが、別《べつ》の字《じ》として使《つか》った用例《ようれい》は見当《みあ》たらないのじゃ。わしは「凵《きょ》」も「凵《かん》」も「容器《ようき》が上《うえ》を向《む》いて口《くち》を開《ひら》けている形《かたち》」を示《しめ》している同《おな》じ意味《いみ》の漢字《かんじ》だと解《かい》しやくくしておるぞ。

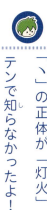

音《おん》	セイ
部首《ぶしゅ》	山（やまかんむり）
画数《かくすう》	9画《かく》

もとの意味《いみ》

草色《くさいろ》（青色《あおいろ》）の鉱物染料《こうぶつせんりょう》

「Y」と「丶」が斬新《ざんしん》ね。

ぼくにはからかさオバケに見《み》えるよ。

「〓《せい》」は「青《せい》」の旧字体《きゅうじたい》（→15ページ）である「靑《せい》」の異体字《いたいじ》じゃ。土《つち》の中《なか》の鉱物《こうぶつ》を表《あらわ》す「丹《たん》」と、「草《くさ》の芽《め》がのびる」という意《い》味《み》の「生《せい》」とをあわせた字《じ》じゃ。もとは「草色《くさいろ》（青色《あおいろ》）の鉱物染料《こうぶつせんりょう》」を意味《いみ》しておった。

たしかに「青《せい》」を上下《じょうげ》に分解《ぶんかい》すると、「生《せい》」と「丹《たん》」に見《み》えなくもないね。「〓《せい》」のまん中《なか》の「丶」は「丹《たん》」の「丶」かなあ。

青《せい》は空《そら》の色《いろ》からきていると思《おも》っていたけど、じつは鉱物《こうぶつ》の色《いろ》だったのね。

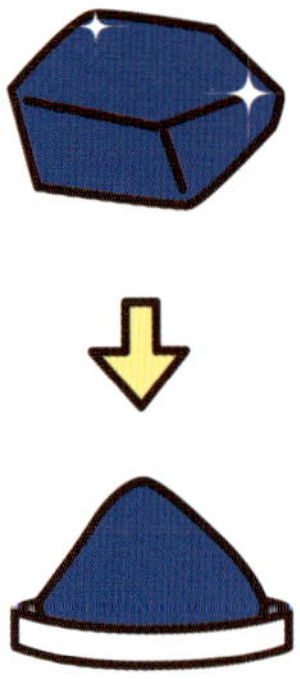

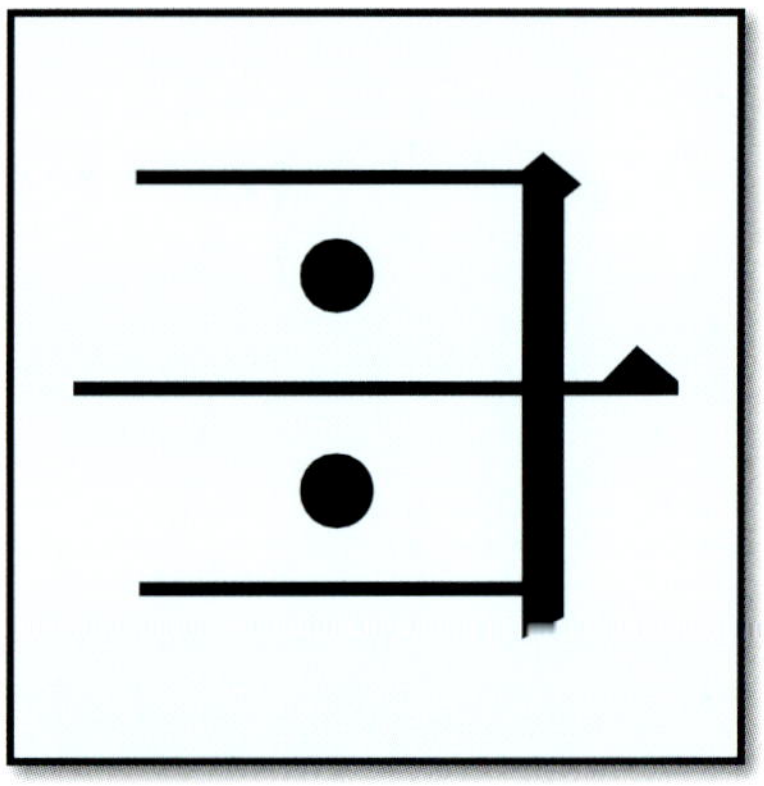

音《おん》	チュウ
部首《ぶしゅ》	一（いち）
画数《かくすう》	5画《かく》

もとの意味《いみ》

手《て》でつかむ、ねじる

「ヨ」みたいな形《かたち》に●が二《ふた》つ……。

「〓《ちゅう》」は「丑《ちゅう》」の金文《きんぶん》なんじゃ。篆文《てんぶん》の形《かたち》（〓）をどこかで見《み》たおぼえはないかの？。

前《まえ》に「𠂇《さ》」のところで見《み》た形《かたち》（〓）と似《に》ているわ。それは左手《ひだりて》だったわ。

うむ。「〓」も手《て》じゃが、今回《こんかい》は手《て》の指《ゆび》を曲《ま》げて物《もの》をつかみ取《と》る様子《ようす》を表《あらわ》しておる。「丑《ちゅう》」はもともと「手《て》でつかむ、ねじる」という意味《いみ》だったが、のちに十二支《じゅうにし》の第二位《だいにい》（うし）を表《あらわ》す言葉《ことば》と発音《はつおん》が似《に》ていたから当《あ》て字《じ》とされて丑年《うしどし》を表《あらわ》すようになったんじゃ。

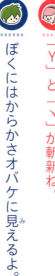

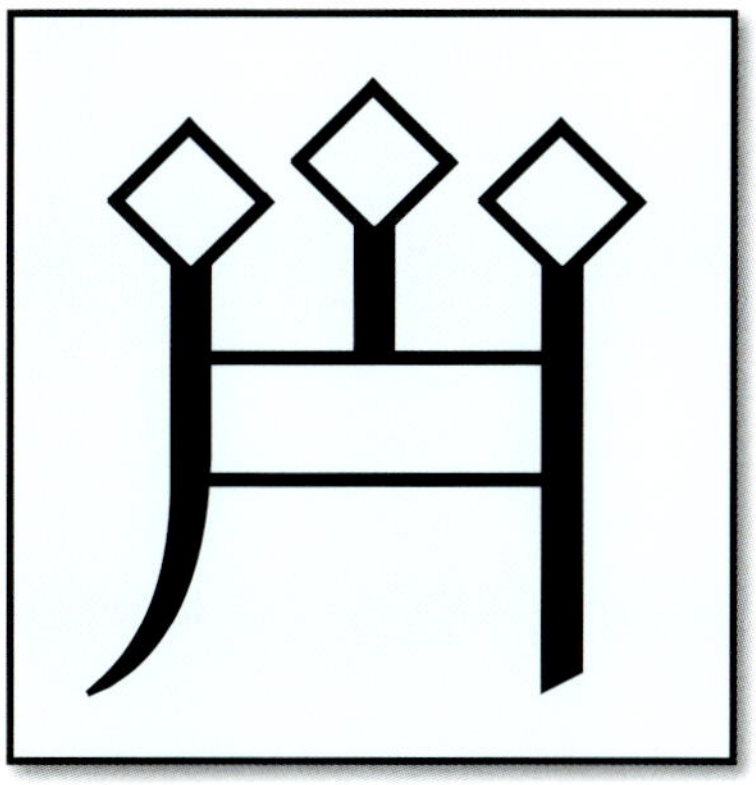

音《おん》	セイ
部首《ぶしゅ》	二(に)
画数《かくすう》	8画《かく》
もとの意味《いみ》	

穀物《こくもつ》の穂先《ほさき》が一列《いちれつ》にそろう

きれいなひし形《がた》が三《みっ》つも入《はい》ってるね。

王冠《おうかん》みたいだわ。

「〓《せい》」は「亝《せい》」の篆文《てんぶん》で、「亝《せい》」は「齊《せい》」の異体字《いたいじ》じゃ。「齊《せい》」は「斉《せい》」の旧字体《きゅうじたい》で、「穀物《こくもつ》の穂先《ほさき》が一列《いちれつ》にそろった姿《すがた》」を表《あらわ》す象形文字《しょうけいもじ》で、「等《ひと》しくそろう」という意味《いみ》じゃ。「〓《せい》」のひし形《がた》はイネや麦《むぎ》の穂先《ほさき》じゃな。「一斉《いっせい》」「斉唱《せいしょう》」などの言葉《ことば》は「そろう」の意味《いみ》で使《つか》われておる。ちなみに神仏《しんぶつ》に関係《かんけい》のある「示《し》」のついた「斎《せい》」（齋《せい》）は別《べつ》の漢字《かんじ》で「つつしむ」「いみ清《きよ》める」という意味《いみ》じゃぞ。

いろんな「サイトウ」さんがいるけど、みんな漢字《かんじ》の由来《ゆらい》はちがったんだね。

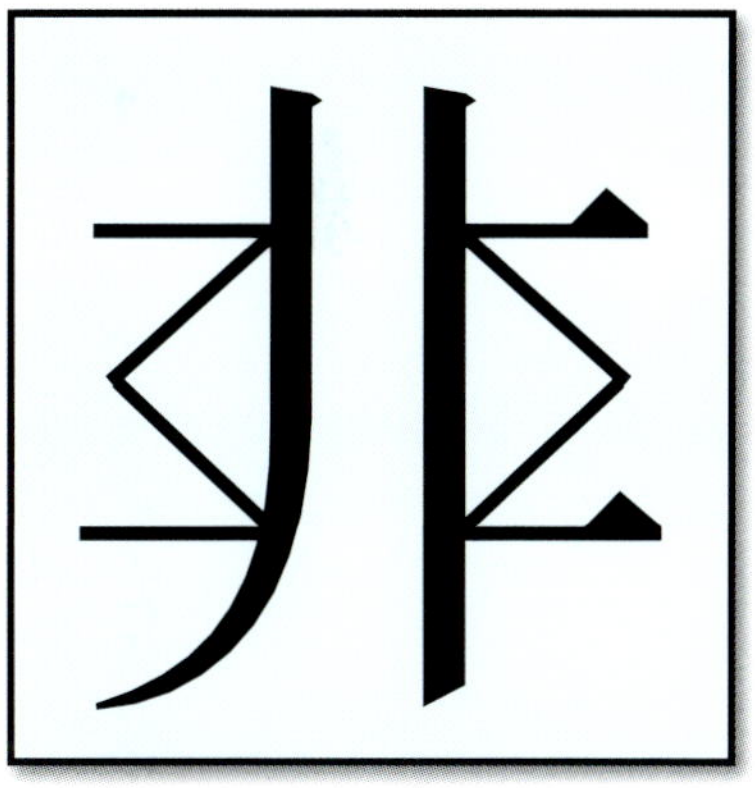

音《おん》	ボウ
部首《ぶしゅ》	非(あらず)
画数《かくすう》	8画《かく》
もとの意味《いみ》	

馬《うま》のくつわを両側《りょうがわ》からはさむ、くつわかがみという金具《かなぐ》

三角形《さんかくけい》が二《ふた》つ入《はい》ってるわ。

「〓《ぼう》」は「卯《ぼう》」の異体字《いたいじ》じゃな。十二支《じゅうにし》の四番目《ばんめ》で、卯年《うさぎどし》の卯《う》じゃ。「卯《ぼう》」は、「馬《うま》のくつわを両側《りょうがわ》からはさむ、くつわかがみという金具《かなぐ》」の象形文字《しょうけいもじ》じゃ。

うさぎじゃなく、うま年《ねん》の漢字《かんじ》にすればよかったのに。

似《に》た形《かたち》の「丣《ぼう》」という字《じ》もあり、「卯《ぼう》」とは別《べつ》の字《じ》だとする人《ひと》が多《おお》いんじゃが、わしは同《おな》じものと考《かんが》えておる。

形《かたち》が三角形《さんかくけい》（△）か四角形《しかくけい》（□）かのちがいだね。

音《おん》	レン
部首《ぶしゅ》	爪(つめかんむり)
画数《かくすう》	21画《かく》

もとの意味《いみ》

心《こころ》がひかれる

なんかさわがしい字《じ》だね！

「〓《れん》」は、「恋《れん》」の旧字体《きゅうじたい》である「戀《れん》」の異体字《いたいじ》じゃ。「戀《れん》」は、「心《こころ》」と、「引《ひ》かれる、つながる」という意味《いみ》の「䜌《れん》」をあわせた字《じ》で、「心《こころ》がひかれる」という意味《いみ》じゃ。「〓《れん》」の上部《じょうぶ》にある「爫《つめかんむり》」はここでは手《て》を表《あらわ》している。つながりもつれた糸《いと》を手《て》で収《おさ》めておるのじゃ。

両《りょう》サイドの「呂《りょ》」は糸《いと》なんですね。

「糸《いと》」の甲骨文字《こうこつもじ》（〓）を見《み》ればよくわかる。おそらく「〓《れん》」の真《ま》ん中《なか》ももとは「〓」だったはずじゃ。

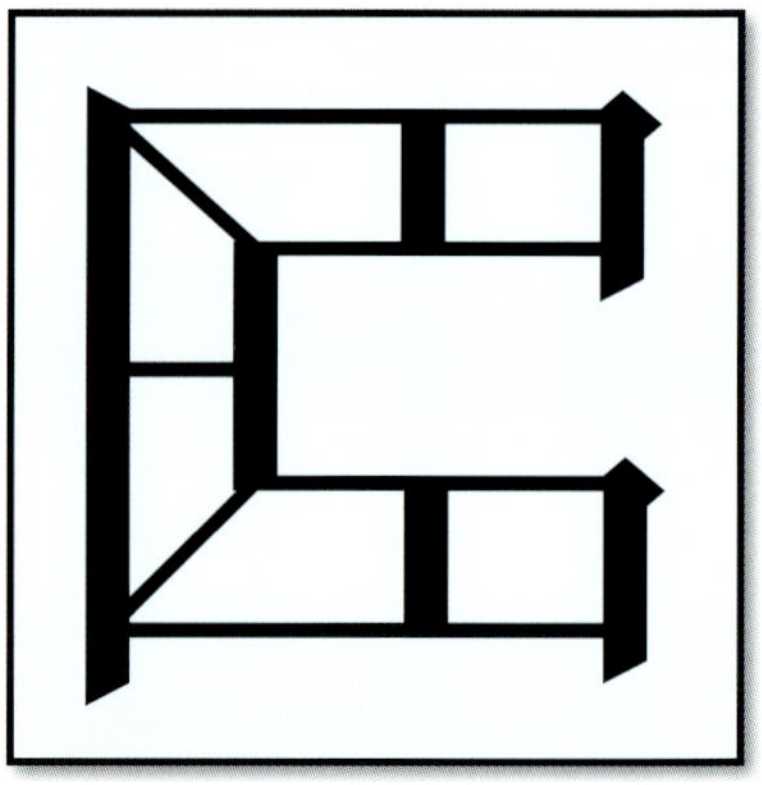

音《おん》	ホウ
部首《ぶしゅ》	匚(はこがまえ)
画数《かくすう》	10画《かく》

もとの意味《いみ》

四角《しかく》い容器《ようき》

節《ふし》のある青虫《あおむし》がくねっている姿《すがた》みたい。

「〓《ほう》」は「はこがまえ」という部首《ぶしゅ》でもある「匚《ほう》」の異体字《いたいじ》じゃぞ。ものを入《い》れる箱《はこ》を横《よこ》に置《お》いた形《かたち》の象形文字《しょうけいもじ》で、「四角《しかく》い容器《ようき》」の意味《いみ》じゃ。

私《わたし》たちが使《つか》う「箱《はこ》」の漢字《かんじ》とは全然形《ぜんぜんかたち》がちがうのね。

「箱《はこ》」の字《じ》は、もとは牛車《ぎっしゃ》の荷台《にだい》の両側《りょうがわ》に向《む》かいあわせに取《と》り付《つ》けた竹製《たけせい》のもの入《い》れという意味《いみ》じゃ。

「箱《はこ》」よりも簡単《かんたん》な「匚《ほう》」が今《いま》の漢字《かんじ》になればよかったのになあ。

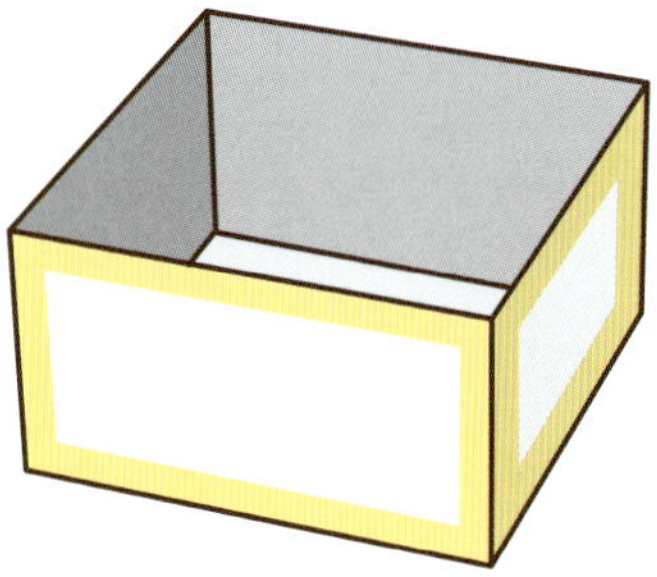

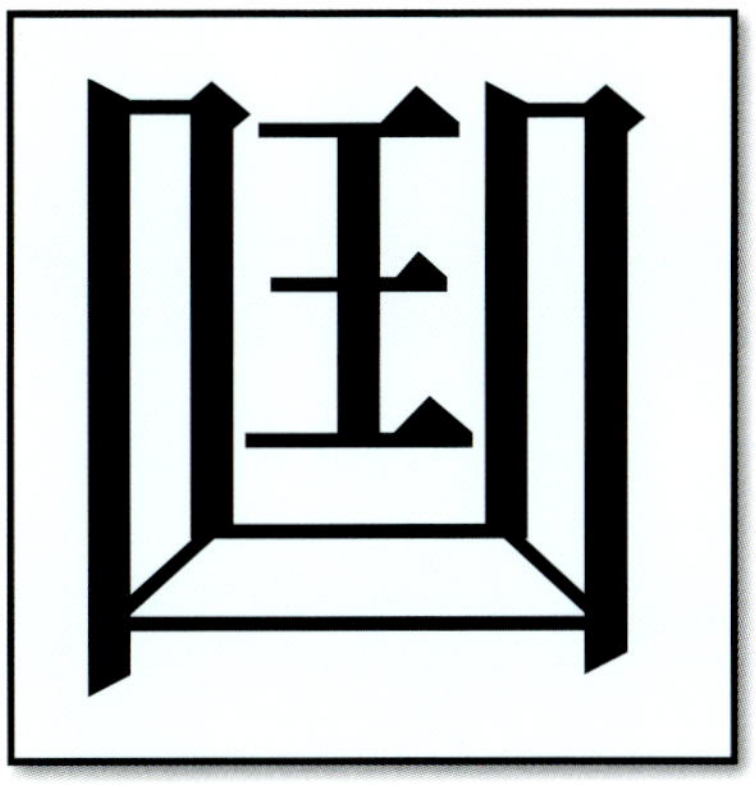

音《おん》	キョク
部首《ぶしゅ》	凵（うけばこ）
画数《かくすう》	11画《かく》

もとの意味《いみ》

まがる

箱《はこ》入《い》りの王様《おうさま》でしょうか。

「〓《きょく》」は「曲《きょく》」じゃよ。「曲《きょく》」は木《き》や竹《たけ》などを曲《ま》げて作《つく》った入《い》れ物《もの》・かごの象形文字《しょうけいもじ》で、のちに入《い》れ物《もの》の意味《いみ》は無《な》くなって「まがる」という意味《いみ》になったんじゃ。

王《おう》は全然関係《ぜんぜんかんけい》ないのかしら？

あまりよく分《わ》かっていないんじゃ……。

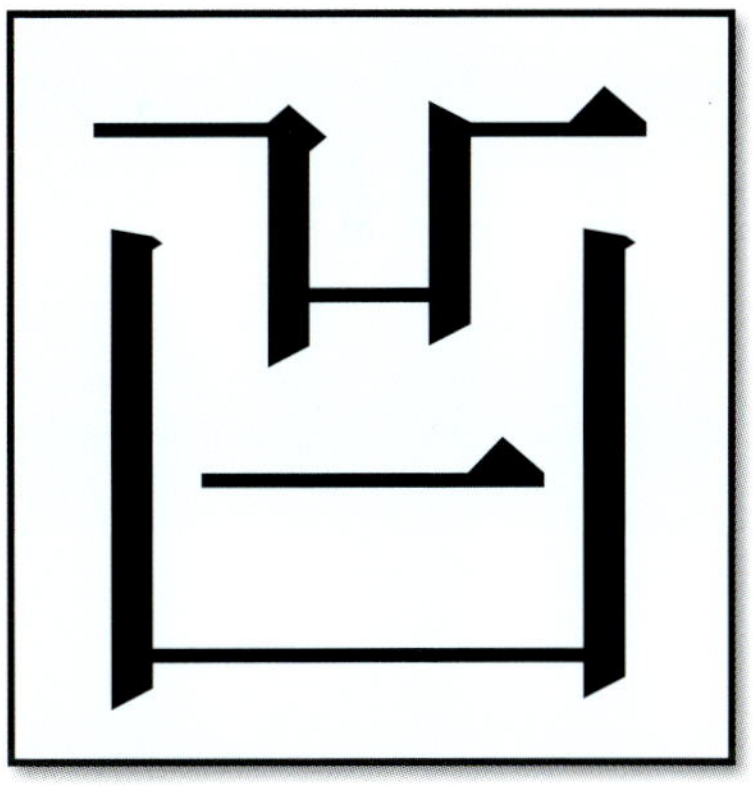

音《おん》	カン
部首《ぶしゅ》	凵（うけばこ）
画数《かくすう》	6画《かく》

もとの意味《いみ》

口中《こうちゅう》にものをふくむ

びんのフタを持《も》ち上《あ》げて開《あ》けたところの断面図《だんめんず》みたい。

半分《はんぶん》ほどハチミツが入《はい》ってたのかな。

「〓《かん》」は「甘《かん》」の異体字《いたいじ》じゃ。口《くち》の中《なか》に食《た》べ物《もの》をふくんで味《あじ》わっている様子《ようす》の象形文字《しょうけいもじ》じゃ。もとの意味《いみ》は「口中《こうちゅう》にものをふくむ」で、食《た》べ物《もの》を味《あじ》わうことから、「うまい」「甘《あま》い」という意味《いみ》となったんじゃ。

そう言《い》われてみると、「〓《かん》」と「甘《かん》」は形《かたち》がけっこう似《に》ているね。

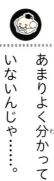

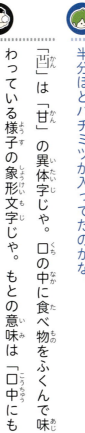

音《おん》	イン・オン
部首《ぶしゅ》	人(ひと、ひとやね)
画数《かくすう》	5画《かく》

もとの意味《いみ》

雲《くも》が太陽《たいよう》をかくす、くもる

新体操《しんたいそう》のリボン競技《きょうぎ》みたいね。

「侌《いん》」は「霒《いん》」の異体字《いたいじ》じゃ。「雲《くも》が太陽《たいよう》をかくす」「くもる」という意味《いみ》じゃ。うねったリボンの部分《ぶぶん》は雲《くも》を表《あらわ》しておる。「雲《うん》」の異体字《いたいじ》「云《うん》」の篆文《てんぶん》（云）を見《み》ればわかるじゃろ。「云《うん》」は、もともと雲《くも》を表《あらわ》した形《かたち》で、むくむくと広《ひろ》がる入道雲《にゅうどうぐも》じゃ（→65ページ）。それに「雨《う》」が加《くわ》わり「雲《うん》」の字《じ》ができたんじゃ。

「侌《いん》」は雲《くも》の下《した》まであがったたこに見《み》えてきたよ。

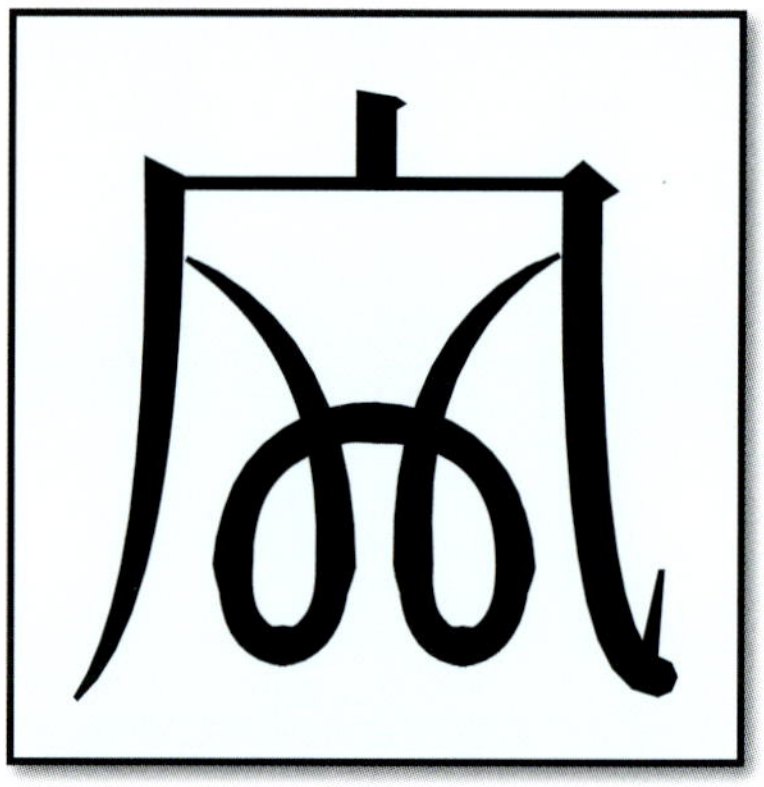

音《おん》	カン
部首《ぶしゅ》	宀(うかんむり)
画数《かくすう》	4画《かく》

もとの意味《いみ》

人《ひと》が仕事《しごと》をする建物《たてもの》

フリーダイヤル「∞」のマークに似《に》てるわ！

「宂《かん》」は「官《かん》」の異体字《いたいじ》じゃ。金文《きんぶん》（官）を見《み》るとよくわかるぞ。「仕事《しごと》をする」という意味《いみ》の「幹《かん》」と同《おな》じ音《おん》の「𠂤《かん》」が横向きになっておるんじゃ。外側《そとがわ》を囲《かこ》んでいる「宀」は「宀《うかんむり》」と同《おな》じで建物《たてもの》を表《あらわ》しておるので「人《ひと》が仕事《しごと》をする建物《たてもの》」じゃ。そこから、その建物《たてもの》で働《はたら》く人《ひと》、つまり「役人《やくにん》」になったんじゃ。

電話《でんわ》しているお役人《やくにん》に見《み》えてきた！

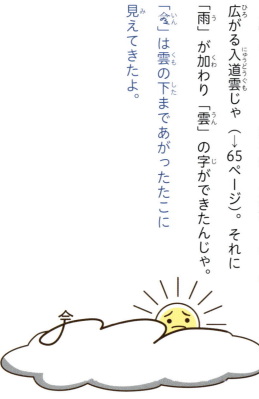

音《おん》	コ
部首《ぶしゅ》	厂（がんだれ）
画数《かくすう》	15画《かく》

もとの意味《いみ》

虎《とら》

この漢字《かんじ》にもリボンが入《はい》っているわ。

「〓《こ》」は「虎《こ》」の異体字《いたいじ》じゃな。「虎《こ》」は皮《かわ》の模様《もよう》をかたどった「虍《とらかんむり》」と、足《あし》を表《あらわ》す「儿《がい》」とをあわせた字《じ》じゃ。「〓《こ》」の象形文字《しょうけいもじ》は「〓《こ》」で、形《かたち》が似《に》ている「〓《よう》」（腰《よう》）（↓30ページ）の篆文《てんぶん》と同《おな》じように考《かんが》えれば、リボン状《じょう》の丸《まる》い部分《ぶぶん》が背骨《せぼね》で、そこからのびた線《せん》が両足《りょうあし》、両《りょう》サイドは腰骨《こしぼね》を表《あらわ》していると考《かんが》えられるぞ。

言《い》われてみれば、虎《とら》の毛皮《けがわ》のしまに見《み》えなくもない……？

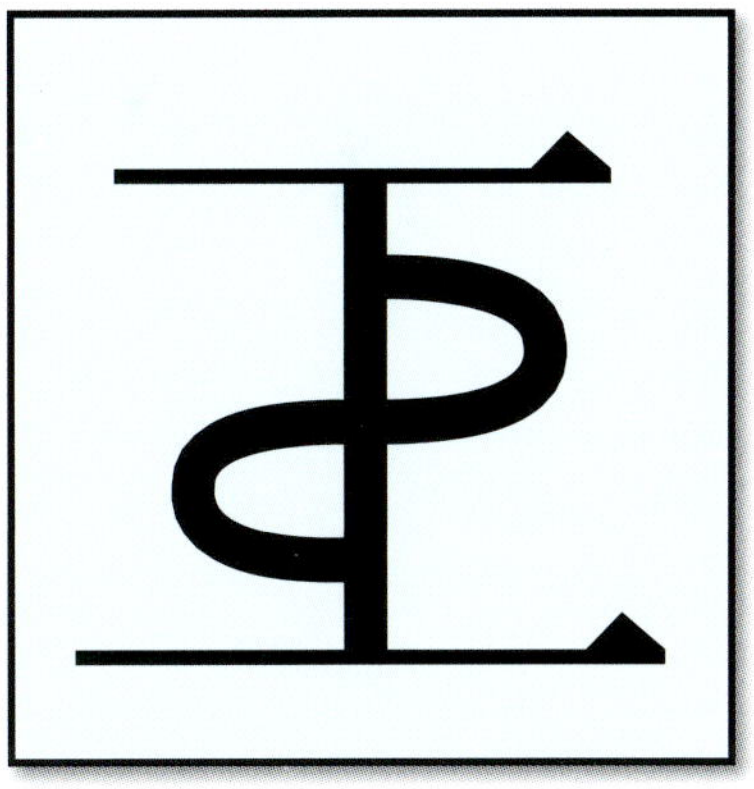

音《おん》	キョ
部首《ぶしゅ》	工（たくみへん、え）
画数《かくすう》	4画《かく》

もとの意味《いみ》

斧《おの》の柄《え》をいれる長方形《ちょうほうけい》の穴《あな》

「工《こう》」の字《じ》に「S」みたいなかざりがついているね。

「〓《きょ》」はみんなもよく見《み》かける字《じ》じゃぞ。「巨大《きょだい》」や「巨人《きょじん》」などの「巨《きょ》」あるいは「矩《きょ》」じゃ。

左半分《ひだりはんぶん》をかくしちゃえば見《み》えなくもないけど。

もとは斧《おの》の柄《え》をいれる長方形《ちょうほうけい》の穴《あな》の象形文字《しょうけいもじ》じゃ。大《おお》きいという意味《いみ》の「鉅《きょ》」と同《おな》じ音《おん》だったため、当《あ》て字《じ》として使《つか》われるようになり、次第《しだい》に「おおきい」という意味《いみ》になっていった。手《て》に定規《じょうぎ》の「さしがね」を持《も》つ形《かたち》をかたどったものという説《せつ》もあるがな。

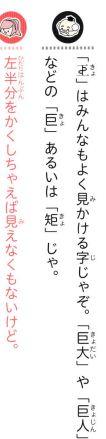

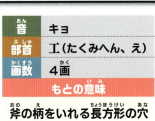

博士《はかせ》の漢字《かんじ》コラム

方言漢字《ほうげんかんじ》

話《はな》し言葉《ことば》に、さまざまな方言《ほうげん》があるように、漢《かん》字《じ》にも地域限定《ちいきげんてい》で通《つう》じる方言字《ほうげんじ》（地域文字《ちいきもじ》）というものがある。たとえば、新潟県《にいがたけん》や秋田県《あきたけん》では「潟《かた》」と同《おな》じように「泻《かた》」という漢字《かんじ》が使《つか》われるケースがある。ほかに、愛知県《あいちけん》で使《つか》われる「杁《いり》」、京都府《きょうとふ》の「椥《なぎ》」（椥辻《なぎつじ》、椥《なぎ》ノ森《もり》、京都《きょうと》の市《し》の地名《ちめい》）、山形県《やまがたけん》の「寉《つる》」（鳥《とり》が高《たか》く飛《と》ぶ）、茨城県《いばらきけん》の「圷《あくつ》」（低《ひく》い土地《とち》、地名《ちめい》や姓《せい》）、埼玉県《さいたまけん》の「岾《はけ》」（がけ、おか）、島根県《しまねけん》の「淞《しょう》」（川《かわ》の名前《なまえ》）なども、方言字《ほうげんじ》の仲《なか》間《ま》じゃ。こうした方言字《ほうげんじ》は地名《ちめい》のほか、人名《じんめい》に使《つか》われることもある。初対面《しょたいめん》の人《ひと》の名《な》で見《み》かけたら、出身地《しゅっしんち》を聞《き》いてみるとよいじゃろう。

また、漢字自体《かんじじたい》はよく知《し》られているが、読《よ》み方《かた》が独特《どくとく》というケースもある。いわゆる方言訓《ほうげんくん》じゃ。たとえば、沖縄県《おきなわけん》では、美ら海は「ちゅらうみ」、島人は「しまんちゅ」、西表は「いりおもて」、城《しろ》は「ぐすく」と読《よ》むんじゃ。なかなかむずかしいのう。

ふろく

漢《かん》字《じ》ドリルにチャレンジ！

漢字《かんじ》のもとの意味《いみ》を知《し》ろう！

PART I

漢字《かんじ》にはいまや忘《わす》れさられた意味《いみ》がある。そのルーツを読《よ》みといていくのが、漢字学習《かんじがくしゅう》のポイントじゃな。ここでは、もとの意味《いみ》をおさらいしてみようかの。

問《とい》1 次《つぎ》の漢字《かんじ》のもとの意味《いみ》をⒶ～Ⓒから選《えら》びなさい。

1 校

Ⓐ 木《き》へんなので、木造《もくぞう》の大《おお》きな建物《たてもの》のこと。

Ⓑ 犯罪者《はんざいしゃ》を拘束《こうそく》する、木《き》で作《つく》られた「足《あし》かせ」。

Ⓒ 人《ひと》や車《くるま》が行《い》きかう交差点《こうさてん》のこと。

2 父

Ⓐ 「ちち」なので、お母《かあ》さんのおっぱいを指《さ》す。

Ⓑ これ以上《いじょう》進《すす》んではいけないという「禁止《きんし》」の意味《いみ》。

Ⓒ 手《て》に石《いし》の斧《おの》を持《も》って打《う》つこと。

3 改

Ⓐ 「己《おのれ》」は「自分《じぶん》」という意味《いみ》なので、自分《じぶん》の行《おこな》いを反省《はんせい》すること。

Ⓑ ムチでコワ～い鬼《おに》を追《お》いはらう、という意味《いみ》。

Ⓒ 古《ふる》いものを新《あたら》しくすることで、家《いえ》の建《た》てかえを示《しめ》す。

問《とい》2 次《つぎ》のことばは漢字《かんじ》のもとの意味《いみ》を示《しめ》します。あてはまる漢《かん》字《じ》をⒶ～Ⓒから選《えら》びなさい。

1 お米《こめ》を日《ひ》にあててかわかすこと。

Ⓐ 暴　Ⓑ 稲　Ⓒ 粉

2 飾《かざ》りをつけておどる人《ひと》のこと。

Ⓐ 踊　Ⓑ 無　Ⓒ 飛

3 食《た》べものの器《うつわ》がからっぽなこと。

Ⓐ 空　Ⓑ 歩　Ⓒ 凶

こたえ

問《とい》1　1Ⓑ（83ページ）　2Ⓒ（80ページ）　3Ⓑ（82ページ）

問《とい》2　1Ⓐ（71ページ）　2Ⓑ（76ページ）　3Ⓒ（73ページ）

漢字《かんじ》の部首《ぶしゅ》を知《し》ろう！

PART I

漢字《かんじ》には500個以上《こいじょう》の部首《ぶしゅ》があるといわれておるぞ。漢《かん》字《じ》にとって、部首《ぶしゅ》はとても大切《たいせつ》じゃ。似《に》ている形《かたち》でもほんの少《すこ》しちがうだけで、意味《いみ》ががらっと変《か》わってしまう。

問《とい》1 下《した》の部首名《ぶしゅめい》を答《こた》えなさい。

1 勹

例《れい》 包《ほう》／匂《におい》／勾《こう》など

2 冂

例《れい》 冊《さつ》／再《さい》など

3 匚

例《れい》 匠《しょう》／匡《きょう》など

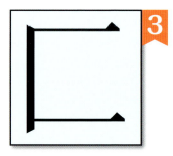

ヒント
すべて「かまえ」がつくよ！

問《とい》2 下《した》の部首《ぶしゅ》を使《つか》った漢字《かんじ》を答《こた》えなさい。

1 灬 【れんが／れっか】

2 欠 【あくび】

3 乚 【おつにょう】

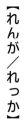

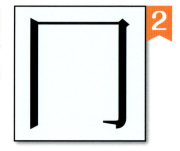

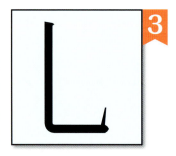

問《とい》3　下《した》の部首名《ぶしゅめい》を答《こた》えなさい。

1 儿

例《れい》　兄《けい》／元《げん》／児《じ》など

2 廾

例《れい》　弁《べん》／弊《へい》など

3 尢

例《れい》　就《しゅう》／尤《ゆう》など

ヒント　すべて「あし」がつくよ！

問《とい》4　下《した》の部首《ぶしゅ》を使《つか》った漢字《かんじ》を答《こた》えなさい。

1 弋　【しきがまえ】

2 几　【つくえ／きにょう】

3 凵　【うけばこ／かんにょう】

わかったかな？
漢字辞典《かんじじてん》を引《ひ》くときにも
部首《ぶしゅ》は役《やく》に立《た》つよ！

こたえ

問《とい》1　1 つつみがまえ　2 えんがまえ　3 はこがまえ

問《とい》2　1 無《む》／然《ぜん》など　2 次《じ》／欧《おう》など　3 乳《にゅう》／乱《らん》など

問《とい》3　1 ひとあし　2 にじゅうあし　3 だいのまげあし

問《とい》4　1 式《しき》／弐《に》など　2 凡《ぼん》／処《しょ》など　3 凶《きょう》／出《しゅつ》など

問《とい》2と問《とい》4にはほかにもたくさんの漢字《かんじ》があるよ。漢字辞典《かんじじてん》で調《しら》べてみよう！

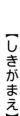

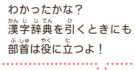

漢字《かんじ》のもとの意味《いみ》を知《し》ろう！

PART Ⅱ

漢字《かんじ》の意味《いみ》はなぜこんなに変化《へんか》していったのか!?　意味《いみ》はちがうけど音《おん》が同《おな》じ漢字《かんじ》を「当《あ》て字《じ》」のように使《つか》っているうちに、もとの意味《いみ》のほうがうすれていったんじゃ。

問《とい》1　次《つぎ》の漢字《かんじ》のもとの意味《いみ》をⒶ～Ⓒから選《えら》びなさい。

1　党

Ⓐ 共通《きょうつう》の利益《りえき》を追《お》い求《もと》める「仲間《なかま》」を示《しめ》す。

Ⓑ 太陽《たいよう》や月《つき》が雲《くも》にかくれ、くら～い様子《ようす》。

Ⓒ 「政治家《せいじか》」という意味《いみ》。

2　泊

Ⓐ 「水《みず》が浅《あさ》いところ」という意味《いみ》。

Ⓑ 旅館《りょかん》とかホテルとか、宿泊《しゅくはく》のための建物《たてもの》。

Ⓒ ぐっすり眠《ねむ》ること。

3　票

Ⓐ 手書《てが》きの「領収書《りょうしゅうしょ》」。今《いま》でいう「レシート」のこと。

Ⓑ だれかに対《たい》して不満《ふまん》を表《あらわ》すクレームのこと。

Ⓒ 火《ひ》の粉《こ》がぶわっとまいあがる様子《ようす》。

問《とい》2

次《つぎ》のことばは漢字《かんじ》のもとの意味《いみ》を示《しめ》します。あてはまる漢《かん》字《じ》をⒶ～Ⓒから選《えら》びなさい。

1 酒《さけ》をしぼる「竹《たけ》かご」を表《あらわ》すもの。

Ⓐ 西　Ⓑ 笠　Ⓒ 玄

2 「肉《にく》を手《て》に持《も》ってさしだす」ことを表《あらわ》すもの。

Ⓐ 卵　Ⓑ 有　Ⓒ 出

3 深《ふか》く開《あ》いた口《くち》のこと。

Ⓐ 央　Ⓑ 天　Ⓒ 谷

こたえ

問《とい》1　1 Ⓑ（65ページ）　2 Ⓐ（66ページ）　3 Ⓒ（69ページ）

問《とい》2　1 Ⓐ（47ページ）　2 Ⓑ（45ページ）　3 Ⓒ（24ページ）

漢字《かんじ》の部首《ぶしゅ》を知《し》ろう！

PARTⅡ

これまでにも部首名《ぶしゅめい》を答《こた》えるテストがあったじゃろう。部首《ぶしゅ》そのものにも意味《いみ》があるので、漢字《かんじ》といっしょに覚《おぼ》えておくのがオススメじゃ！

問《とい》1 下《した》の部首名《ぶしゅめい》を答《こた》えなさい。

1 罒

例《れい》 罪《ざい》／署《しょ》など

2 ⺌

例《れい》 当《とう》／少《しょう》など

3 耂

例《れい》 老《ろう》／考《こう》など

ヒント
すべて「かしら」がつくよ！

問《とい》2 下《した》の部首《ぶしゅ》を使《つか》った漢字《かんじ》を答《こた》えなさい。

1 ⺗ 【したごころ】

2 毋 【なかれ】

3 尸 【しかばね】

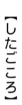

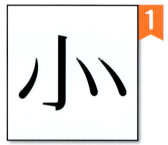

問《とい》3　下《した》の部首名《ぶしゅめい》を答《こた》えなさい。

1 阝　例《れい》 部《ぶ》／都《と》など

2 阝　例《れい》 防《ぼう》／除《じょ》など

3 里　例《れい》 重《じゅう》／野《や》など

ヒント
すべて「さと」がつくよ！

「阝」は形《かたち》が同《おな》じでも右《みぎ》にあるか左《ひだり》にあるかで部首名《ぶしゅめい》がちがうよ！

問《とい》4　下《した》の部首《ぶしゅ》を使《つか》った漢字《かんじ》を答《こた》えなさい。

1 歹　【いちたへん／かばねへん／がつへん】

2 頁　【おおがい】

3 夂　【すいにょう】

こたえ

問《とい》1 1あみがしら 2しょうがしら 3おいがしら

問《とい》2 1恭《きょう》／慕《ぼ》など 2毎《まい》／毒《どく》など 3届《とどく》／屋《おく》など

問《とい》3 1おおざと 2こざとへん 3さとへん

問《とい》4 1死《し》／残《ざん》など 2願《がん》／頭《とう》など 3夏《か》／変《へん》など

問《とい》2と問《とい》4にはほかにもたくさんの漢字《かんじ》があるよ。漢字辞典《かんじじてん》で調《しら》べてみよう！

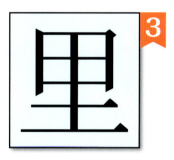

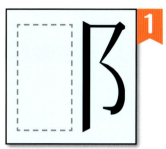

漢字《かんじ》のもとの意味《いみ》を知《し》ろう！

PART Ⅲ

漢字《かんじ》はモノの形《かたち》を絵《え》にした「象形文字《しょうけいもじ》」から始《はじ》まった。
絵《え》から読《よ》みとけば、ルーツは意外《いがい》と見《み》えてくるんじゃ。
中国《ちゅうごく》の歴史《れきし》を勉強《べんきょう》しておくといっそうわかりやすいぞ！

問《とい》1 次《つぎ》の漢字《かんじ》のもとの意味《いみ》をⒶ～Ⓒから選《えら》びなさい。

1　保

Ⓐ 赤《あか》ん坊《ぼう》をおんぶすること。
Ⓑ さまざまなものの状態《じょうたい》をそのままにしておくこと。
Ⓒ 何《なに》もせずに放《ほう》っておくこと。

2　北

Ⓐ 背中《せなか》を向《む》けること。
Ⓑ 北《きた》なのに、じつは「あたたかい土地《とち》」という意味《いみ》。
Ⓒ 遠《とお》くから友《とも》だちがはるばるやってくることを示《しめ》す。

3　元

Ⓐ いきいきとして元気《げんき》である様子《ようす》。
Ⓑ とても古《ふる》く、今《いま》ではだれも住《す》んでいない家《いえ》、という意味《いみ》。
Ⓒ 丸《まる》い頭《あたま》の形《かたち》を示《しめ》す。

問《とい》2 次《つぎ》のことばは漢字《かんじ》のもとの意味《いみ》を示《しめ》します。あてはまる漢《かん》字《じ》をⒶ～Ⓒから選《えら》びなさい。

1 仮面《かめん》をかぶっておどる人《ひと》のこと。

Ⓐ 寸　Ⓑ 夏　Ⓒ 白

2 体《からだ》が弱《よわ》って、ふらふらすること。

Ⓐ 批　Ⓑ 乱　Ⓒ 届

3 死《し》んだ人《ひと》のこと。

Ⓐ 先　Ⓑ 教　Ⓒ 我

最後《さいご》の問題《もんだい》は「死《し》んだ人《ひと》」を表《あらわ》す「○祖《そ》」などのことばを思《おも》い出《だ》せばわかるよ！

こたえ

問《とい》1　1Ⓐ（43ページ）　2Ⓐ（31ページ）　3Ⓒ（22ページ）

問《とい》2　1Ⓑ（36ページ）　2Ⓒ（85ページ）　3Ⓐ（86ページ）

漢字《かんじ》の部首《ぶしゅ》を知《し》ろう！

PART Ⅲ

1つの漢字《かんじ》に部首《ぶしゅ》が2つあるものがあるぞ。たとえば「役《やく》」の部首《ぶしゅ》は「ぎょうにんべん」でもあり、「ほこづくり」でもある。どっちも正《ただ》しいのじゃ。漢字《かんじ》はけっこう自由《じゆう》な文字《もじ》だぞ！

問《とい》1 下《した》の部首名《ぶしゅめい》を答《こた》えなさい。

1 卩

例《れい》 卵《らん》／印《いん》など

2 彡

例《れい》 形《けい》／彦《ひこ》など

3 艮

例《れい》 良《りょう》／艱《かん》など

ヒント
すべて「つくり」がつくよ！

問《とい》2 下《した》の部首《ぶしゅ》を使《つか》った漢字《かんじ》を答《こた》えなさい。

1 而

【あごひげ／しこうして】

2 曰

【ひらび】

3 殳

【ほこづくり／るまた】

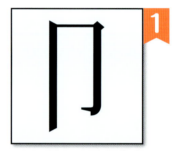

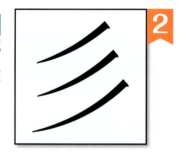

問《とい》3　下《した》の部首名《ぶしゅめい》を答《こた》えなさい。

1　厂

例《れい》　原《げん》／厚《こう》など

2　广

例《れい》　広《こう》／店《てん》など

3　疒

例《れい》　病《びょう》／痛《つう》など

ヒント
これはカンタン。
ぜんぶ「たれ」だよ！

「がんだれ」と「まだれ」はまちがいやすいよ。どっちがどっちか、つい忘《わす》れてしまうよね。

問《とい》4　下《した》の部首《ぶしゅ》を使《つか》った漢字《かんじ》を答《こた》えなさい。

1　氺　【したみず】

2　隹　【ふるとり】

3　攵　【のぶん】

こたえ

問《とい》1　1ふしづくり　2さんづくり　3こんづくり／ねづくり

問《とい》2　1耐《たい》など　2書《しょ》／曲《きょく》など　3段《だん》／殺《さつ》など

問《とい》3　1がんだれ　2まだれ　3やまいだれ

問《とい》4　1泉《せん》／求《きゅう》など　2集《しゅう》／雑《ざつ》など　3改《かい》／教《きょう》など

問《とい》2と問《とい》4にはほかにもたくさんの漢字《かんじ》があるよ。漢字辞典《かんじじてん》で調《しら》べてみよう！

もじおくんとかんこちゃんの

漢字《かんじ》ミュージアムたんけん！

2016年《ねん》、京都《きょうと》に生《う》まれた「漢字《かんじ》ミュージアム」は、漢字《かんじ》の世界《せかい》を楽《たの》しみながら学《まな》べる、日本《にほん》でたった１つの漢字博物館《かんじはくぶつかん》です。

漢字《かんじ》にふれながら学《まな》べる博物館《はくぶつかん》

もじおくんとかんこちゃんは京都《きょうと》にある漢字《かんじ》ミュージアムにやってきました。

京都《きょうと》はすごく歴史《れきし》のある街《まち》なの。お寺《てら》とか神社《じんじゃ》がいっぱいあるけど、今日《きょう》は漢字《かんじ》にふれながら学《まな》べる、すてきな博物館《はくぶつかん》に行《い》くわよ。

ええ？　漢字《かんじ》にふれるって、どういうこと？

百聞《ひゃくぶん》は一見《いっけん》にしかずよ。さあ、入《はい》りましょ！

漢字《かんじ》タワー

ミュージアムの１階《かい》は漢字《かんじ》に「見《み》てきいてふれる」をテーマにした展示《てんじ》になっています。

１階《かい》と２階《かい》をつなぐ階段《かいだん》のところには、すごく太《ふと》い柱《はしら》が立《た》っています。

細《こま》かいもようがついてる。あれ…？　もしかしてこれ全部《ぜんぶ》が漢字《かんじ》!?

漢字《かんじ》タワーよ。これにどれくらいの漢字《かんじ》が書《か》かれていると思《おも》う？

漢字《かんじ》ミュージアムの外観《がいかん》

漢字《かんじ》タワー

うーん、五〇〇字《じ》くらいかなあ？

とんでもない！ その百倍《ひゃくばい》の五万字《ごまんじ》よ。でも世《よ》の中《なか》にはさらにその倍《ばい》の十万字《じゅうまんじ》の漢字《かんじ》があるといわれているの。

漢字《かんじ》の歴史絵巻《れきしえまき》

1階《かい》フロアをぐるっと取《と》り囲《かこ》んで展示《てんじ》されているのは「漢字《かんじ》の歴史絵巻《れきしえまき》」です。漢字《かんじ》の歴史《れきし》がわかりやすくしょうかいされています。

「書《か》く素材《そざい》と道具《どうぐ》の進化《しんか》」の展示《てんじ》では、漢字《かんじ》の誕生《たんじょう》から今《いま》までを七《なな》つの段階《だんかい》に分《わ》けて解説《かいせつ》しています。

1 砂《すな》や土《つち》にほる
2 甲《こう》ら・骨《ほね》や石《いし》などに刻《きざ》む
3 青銅器《せいどうき》に鋳《い》こむ
4 木《き》や竹《たけ》などに書《か》く
5 絹《きぬ》や紙《かみ》などに書《か》く
6 紙《かみ》やさまざまな素材《そざい》に印刷《いんさつ》する
7 モニターに映《うつ》し出《だ》す

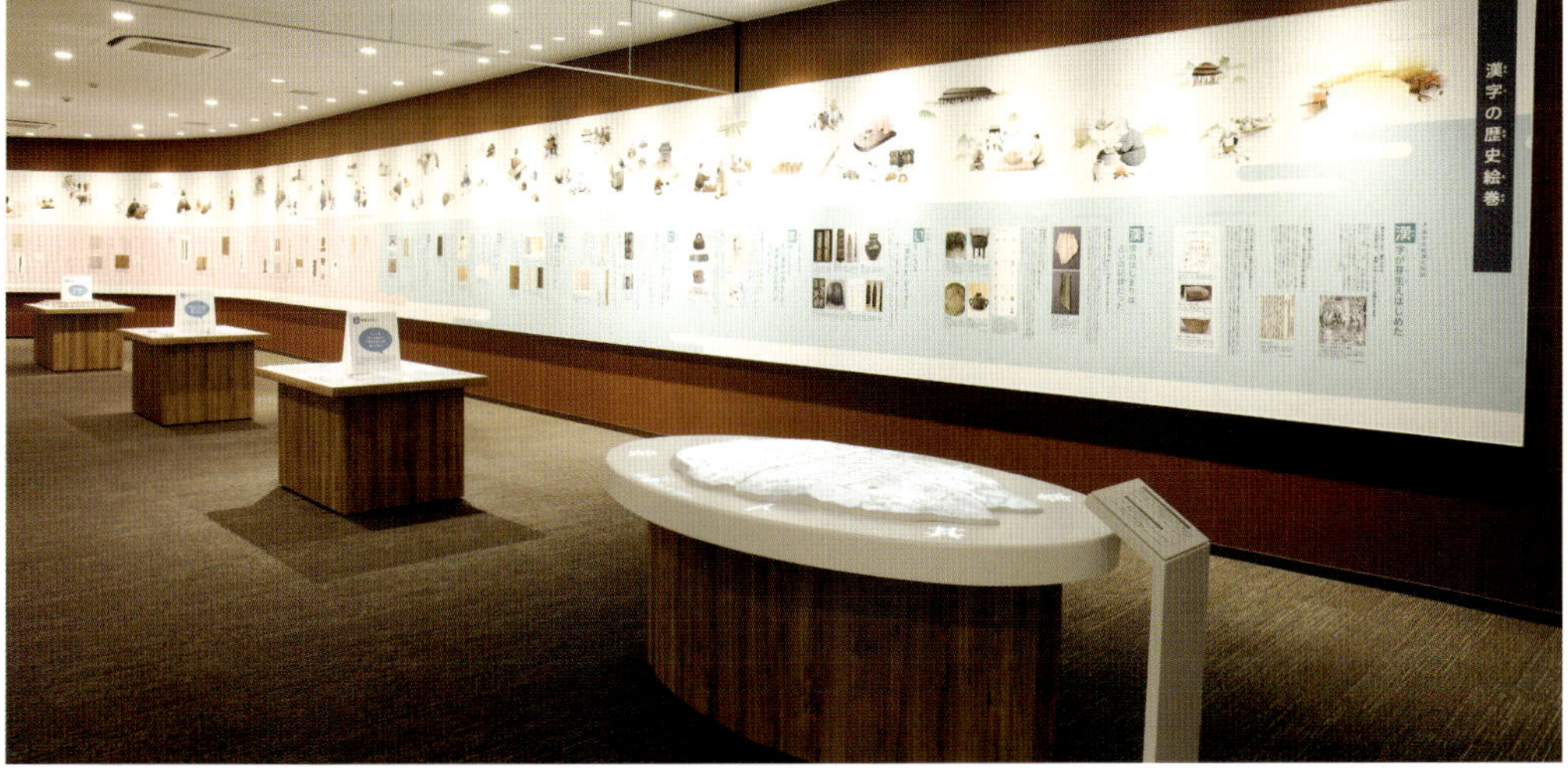

漢字《かんじ》の歴史絵巻《れきしえまき》

おどる甲骨文字《こうこつもじ》テーブル

亀《かめ》の甲《こう》らを大《おお》きくした大《おお》きなテーブルには、いくつかの漢字《かんじ》が書《か》かれています。表示板《ひょうじばん》の案内《あんない》に従《したが》い漢字《かんじ》に手《て》をかざすと……？

あ、絵文字《えもじ》みたいなものが出《で》てきたよ！

甲骨文字《こうこつもじ》よ。この本《ほん》でもしょうかいした漢字《かんじ》のもとになったものね！　これが「漢字《かんじ》にふれる」ってことなの。

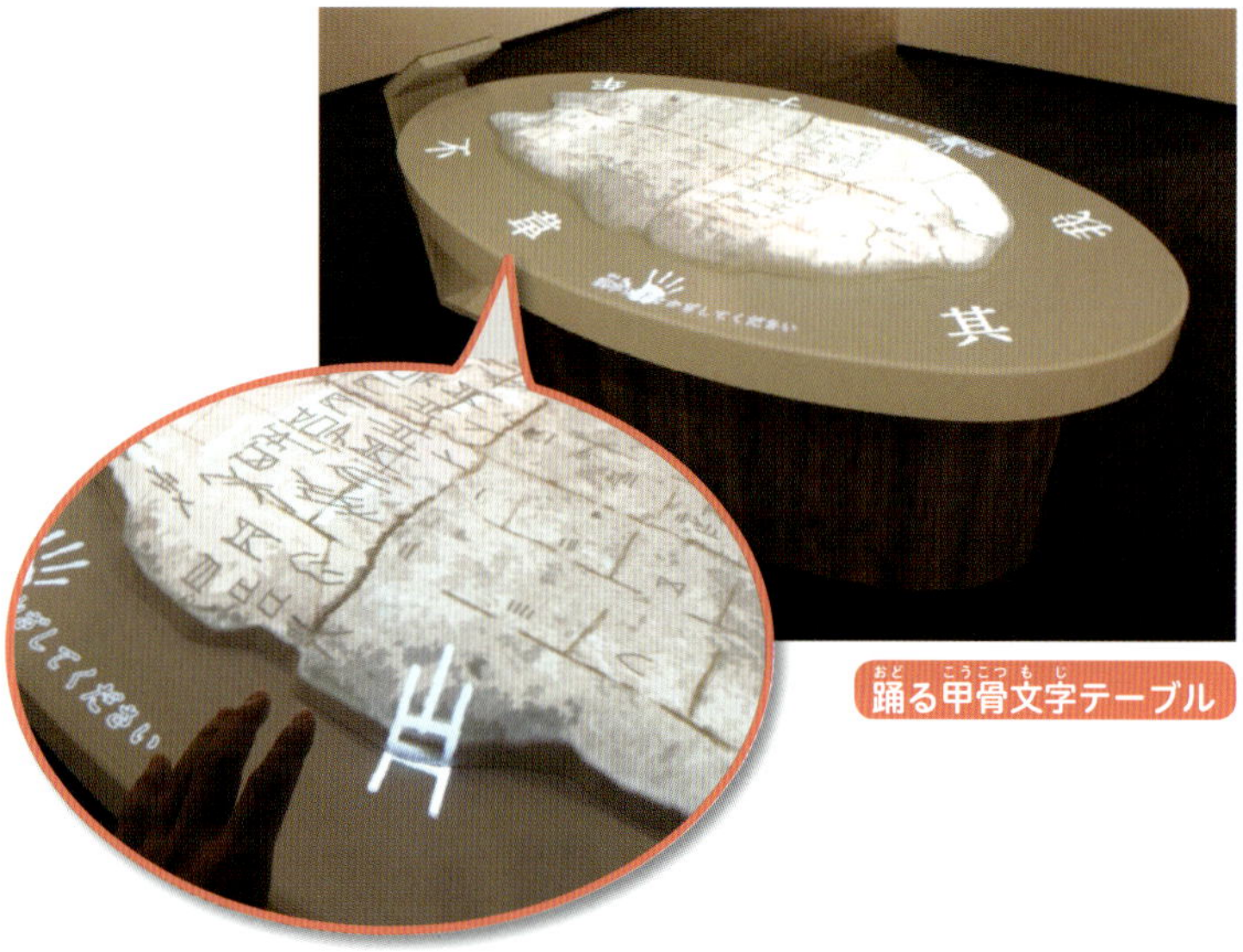
踊《おど》る甲骨文字《こうこつもじ》テーブル

漢字回転《かんじかいてん》すし＆魚《さかな》へん湯《ゆ》のみ

2階《かい》の「遊《あそ》び楽《たの》しみ学《まな》ぶ」の展示《てんじ》で、もじおくんは「漢字回転《かんじかいてん》すし」を見《み》つけて大喜《おおよろこ》び。

おすしのイラストがモニターを流《なが》れてきたよ！

好《す》きなおすしを選《えら》んでみて！

おすしのネタが魚《さかな》のイラストに変《か》わった！

漢字回転《かんじかいてん》すし

その魚《さかな》の名前《なまえ》を漢字《かんじ》で答《こた》えるの。正解《せいかい》だとお皿《さら》が増《ふ》えていくゲームよ……あれ、もじおくん？

ここだよ～！　おすし屋《や》さんでよく見《み》るよね。

すごく大《おお》きな湯《ゆ》のみね！　魚《さかな》の名前《なまえ》がいっぱい!!

魚《さかな》へん湯《ゆ》のみ

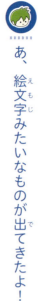

体《からだ》で漢字《かんじ》をつくろう

体《からだ》で漢字《かんじ》をつくろう

「体《からだ》で漢字《かんじ》をつくろう」の展示《てんじ》では、自分《じぶん》の体《からだ》で漢字《かんじ》を作《つく》り、モニターに写《うつ》します。さまざまな漢字作《かんじづく》りに挑戦《ちょうせん》してみましょう。

よーし、ぼくらで「大《だい》」の字《じ》を作《つく》ってみようよ！

これはカンタンね。すぐできちゃうわ！

きみも漢字《かんじ》ミュージアムに行《い》って、漢字《かんじ》にふれて学《まな》んで楽《たの》しんで、漢検《かんけん》にチャレンジしてみよう！

DATA

漢検《かんけん》 漢字博物館《かんじはくぶつかん》・図書館《としょかん》（漢字《かんじ》ミュージアム）

住《じゅう》　所《しょ》	〒605-0074 京都府《きょうとふ》京都市《きょうとし》東山区《ひがしやまく》祇園町南側《ぎおんちょうみなみがわ》551番地《ばんち》
電話番号《でんわばんごう》	075-757-8686（代表《だいひょう》）
FAX《ファックス》	075-531-0340
休館日《きゅうかんび》	月曜日《げつようび》
開館時間《かいかんじかん》	9:30～17:00（入館《にゅうかん》は16:30まで）
入場料金《にゅうじょうりょうきん》	大人《おとな》800円《えん》／大学生《だいがくせい》・高校生《こうこうせい》500円《えん》／中学生《ちゅうがくせい》・小学生300円《えん》　＊小中高生同伴《しょうちゅうこうせいどうはん》の大人《おとな》は300円引《えんび》き（子《こ》ども1名《めい》につき大人《おとな》2名《めい》まで）
アクセス	京阪電車《けいはんでんしゃ》 京阪本線《けいはんほんせん》『祇園四条駅《ぎおんしじょうえき》』6番出口《ばんでぐち》から八《や》坂神社方面《さかじんじゃほうめん》へ徒歩《とほ》5分《ふん》

＊この博物館《はくぶつかん》は日本漢字能力検定《にほんかんじのうりょくけんてい》（漢検《かんけん》）を主催《しゅさい》する日本漢字能力検《にほんかんじのうりょくけん》定協会《ていきょうかい》が運営《うんえい》するものです。

◆監修者
進藤英幸（しんどう・ひでゆき）
専門は古代中国思想・漢字学。大東文化大学、明治大学教授、公益財団法人無窮会東洋文化研究所名誉所長を歴任。『角川字源辞典・第二版』『漢字字源辞典』（角川書店）、『新版小学漢字辞典』（教育同人社）など編著書多数。

◆著者
高井ジロル（たかい・じろる）
北海道大学文学部哲学科卒。『「漢和辞典」に載っているヘンな漢字』『知ってるようで知らなかった漢字の意味』（ともに進藤英幸監修、二見書房）、『日本語のまちがい探し』（日本文芸社）など著書多数。

◆イラストレーター
長澤真緒理（ながさわ・まおり）
マンガ家、イラストレーター。共著書に『となりのカントくん』（河出書房新社）、『知識ゼロからわかる　不動産の基本』（ソシム）、『いただきます図鑑』（池田書店）などがある。

◆協力
（公財）日本漢字能力検定協会「漢検　漢字博物館・図書館」

◆編集・デザイン
ジーグレイプ株式会社

なるほど!
おもしろ漢字ルーツ図鑑

2018年１月25日　初版第１刷発行

監修者　進藤英幸
著　者　高井ジロル
イラスト　長澤真緒理
発行者　上野良治
発行所　合同出版株式会社
〒101-0051　東京都千代田区神田神保町1-44
電話 03（3294）3506 ／ FAX 03（3294）3509
振替 00180-9-65422
http：//www.godo-shuppan.co.jp/
印刷・製本　株式会社シナノ
■刊行図書リストを無料送呈いたします。
■落丁乱丁の際はお取り換えいたします。

ISBN978-4-7726-1336-1　NDC811　280 × 210